168/1

MEMOIRES

SECRETS

POUR SERVIR A L'HISTOIRE

DE LA

RÉPUBLIQUE DES LETTRES

EN FRANCE,

DEPUIS MDCCLXII JUSQU'A NOS JOURS;

OU

JOURNAL

D'UN OBSERVATEUR,

CONTENANT *les Analyses des Pieces de Théatre qui ont paru durant cet intervalle ; les Relations des Assemblées Littéraires ; les notices des Livres nouveaux, clandestins, prohibés ; les Pieces fugitives, rares ou manuscrites, en prose ou en vers ; les Vaudevilles sur la Cour ; les Anecdotes & Bons Mots, les Eloges des Savants, des Artistes, des Hommes de Lettres morts, &c. &c. &c.*

TOME DOUZIEME.

. . *huc propius me,*
. . *vos ordine adite ,*
Hor. L. II. Sat. 3. vs. 81 & 82.

A LONDRES,

CHEZ JOHN ADAMSON.

M. DCC. LXXXIV.

MÉMOIRES

SECRETS

POUR SERVIR A L'HISTOIRE DE LA
RÉPUBLIQUE DES LETTRES EN
FRANCE, DEPUIS MDCCLXII
JUSQU'A NOS JOURS.

ANNÉE M. DCC. LXXVIII.

1 *Juin.* LE *Journal militaire* qui avoit été
entrepris autrefois en pays étranger, & n'avoit
pas duré long-temps, recommence depuis le
premier avril fur de nouveaux erremens, & feroit
très-bien fait, fi le *Prospectus* étoit rempli :
mais on ne peut en concevoir une haute idée
par le nom du rédacteur, qu'on fait être M. Du-
rofoy, affifté, il eft vrai, de quelques coopérateurs, gens du métier.

1 *Juin.* Tous les marguilliers, amateurs, fui-
vants de l'opéra, font fort affligés d'un événement qui jette la confternation dans l'empire

A 2

lyrique. Mlle. Cecile, cette nouvelle danseuse qui en fait l'espérance, l'ornement & les délices, ayant refusé de danser parce qu'on ne lui donnoit pas l'habit de Mlle. Guimard, M. Amelot se trouvant à l'opéra ce jour-là même malheureusement, a ordonné qu'elle fût, sur le champ, conduite au Fort-l'Evêque, & déclarée incapable de paroître désormais sur aucun théatre. On se flatte que le ministre se laissera toucher par les graces, la figure & la jeunesse de ce sujet, encore enfant.

1 *Juin* 1778. On parle beaucoup d'une petite fête donnée samedi à Marly, par le roi, à la reine, en félicitation de sa grossesse. Il y a eu sur-tout un café tenu par les plus jolies femmes de la cour, & une loterie, dont le gros lot étoit un diamant de 500 louis.

1 *Juin*. Depuis que la faculté avoit condamné M. de Voltaire, il s'étoit tenu plusieurs conciliabules chez l'archevêque de Paris, & le résultat avoit été d'effectuer la menace que l'église faisoit, il y a long-temps, contre ce chef de l'impiété, de lui refuser la sépulture chrétienne. Le curé de St. Sulpice a bien vu le malade plusieurs fois, mais celui-ci faisoit le muet, & le pasteur n'en a pu rien tirer ; en sorte qu'il n'a pas même reçu l'extrême-onction. On ne désespère pourtant pas encore de vaincre, par le secours de l'autorité, l'opiniâtreté des prêtres, qu'on appaisera d'ailleurs avec beaucoup d'argent.

1 *Juin* 1778. Mlle. Cecile, qui a eu le bonheur de plaire au prince de Conti, s'est prévalue de cette protection auguste, & n'est restée que quelques jours au Fort-l'Evêque. On se flatte que, par égard pour les plaisirs de S. A. sérénissime,

il fera dérogé à l'exclufion prononcée contre cette danfeufe, & qu'elle ne tardera pas à reparoître ; ce que fouhaitent ardemment tous les partifans de l'art de *Terpfichore*, malgré la quantité de fujets diftingués qu'a l'opéra dans ce genre. On affure même qu'elle a déja danfé dimanche.

2 *Juin* 1778. On varie tellement fur les motifs qui ont déterminé l'évafion du cadavre de M. de Voltaire, fur ce qu'il eft devenu & fur ce qu'il deviendra, qu'on ne peut encore fixer la vérité fur des faits. Il paroît qu'il a confervé fa tête jufqu'au dernier inftant, & qu'il travailloit encore la veille de fa mort. Outre les divers ouvrages qu'il avoit fur le métier, depuis qu'il avoit été élevé à la place de directeur de l'académie Françoife, il avoit pris à cœur fon illuftration, & vouloit refondre fon dictionnaire.

Une confolation très-grande qu'il a eue avant fa mort, a été de voir l'arrêt du parlement contre M. de Lally caffé. On affure que fur la part que lui en a donné fur le champ M. de Lally de Tolendal, il lui a répondu & témoigné fa fatisfaction. On fait qu'il avoit écrit en faveur de ce fameux criminel.

3 *Juin* 1778. M. de Vifmes eft enfin parvenu à raffembler une troupe de bouffons dans cette capitale, & ils devoient paroître pour la première fois demain dans un opéra de leur genre en deux actes, intitulé : *le Finte Gemelle*; ou *les Fauffes Jumelles*. M. Noverre fe propofoit de l'étayer d'un ballet pantomime de fa compofition. La maladie d'un de ces hiftrions oblige de renvoyer à un autre jour cette re-

A 3

préfentation. Il paroît qu'on n'a pas d'eux une haute opinion, cependant on annonce le fameux Caribaldi.

4 *Juin* 1778. Les membres de légiſlation dramatique, rougiſſant de plus en plus du rôle honteux qu'ils ont joué en ſe rangeant ſous la direction d'un chef tel que le ſieur Caron de Beaumarchais, ſe diſperſent peu-à-peu; & il y a apparence que tout leur travail ne prendra nullement conſiſtance. Quelques-uns ſe plaignent même que les comédiens, pour ſe venger du projet formé de ſe ſouſtraire à leur joug, cherchent à l'aggraver, & deviennent plus inſolents. C'eſt ce que vient d'éprouver tout récemment M. le Mierre à l'occaſion de ſa *Veuve du Malabar*, qu'il deſireroit reproduire ſur la ſcene; non-ſeulement il n'éprouve aucune complaiſance de leur part, mais ils ſont durs & récalcitrants.

5 *Juin* 1778. La reine aime tellement le ſpectacle, que pour l'amuſer il a fallu former à Marly à la hâte une ſalle de comédie dans une grange. C'eſt la Dlle. de Montauſier, & la troupe de Verſailles qui viennent la deſſervir. Les gens de la cour ſe plaignent d'y être fort mal à l'aiſe, & ſur-tout mal aſſis.

5 *Juin*. Autant qu'on a pu éclaircir ce qui concerne le départ du cadavre de monſieur de Voltaire, ne ſachant trop qu'en faire, & dans la crainte que l'évêque d'Annecy, avec qui le phyloſophe défunt avoit déja eu des querelles fort vives, inſtruit de ce qui s'étoit paſſé à Paris, ne ſecondât le fanatiſme de l'archevêque, la famille eſt convenue proviſoirement de le mettre en dépôt à Scellieres, abbaye de

(7)

Champagne, qui appartient à l'abbé Mignot. Il y a été conduit par un domeſtique de confiance, & l'on eſt actuellement à ſe remuer auprès du gouvernement pour décider définitivement du ſort des reliques de ce grand homme. On ne dit pas même où les moines les ont placées, ſi c'eſt dans l'égliſe ou dans un lieu particulier du couvent.

A l'occaſion de cette mort on fait courir de nouveau dans le public une épitaphe latine que fit pour M. de Voltaire l'abbé Coyer, il y a ſept ou huit ans, lorſqu'il fut queſtion de ſe cotiſer pour lui ériger une ſtatue.

On répand auſſi en François, *Diatribe contre l'apothéoſe de monſieur de Voltaire*, en date du 28 mai. C'eſt un diſcours qu'on lui adreſſe, comme il giſſoit dans ſon lit de mort. Ce ſont des idées communes de la chaire, rhabillées en aſſez beaux vers.

6 Juin 1778. Suivant les dernieres nouvelles de l'Inde, ou plutôt de l'Iſle-de-France, monſieur Serré, chargé de la direction du jardin du roi nommé *Mon plaiſir*, apprenoit que les arbuſtes d'épiceries continuoient à bien aller, que les giroſliers, qu'il avoit imaginé de multiplier par boutures, avoient très-bien réuſſi; mais qu'ils proſpéroient encore mieux à l'Iſle-de-Bourbon, où ils n'avoient pas été contrariés. Il ajoutoit que les muſcadiers commençoient à avoir des embryons, dont il adreſſoit des eſſais au miniſtre ſeul. Mais M. de Sartines eſt toujours fort circonſpect ſur ce genre de nouvelles, pour ne pas déplaire aux états-généraux.

6 Juin. M. Marmontel a lu, il y a quelque temps, chez le ſieur de Beaumarchais, à l'aſſem-

A 4

blée du bureau de législation dramatique , deux chants d'un *Poëme sur la Musique* : il doit en avoir six , à ce qu'il a annoncé. Il est principalement dirigé contre le chevalier Gluck , contre l'abbé Arnaud & Suard , ses prôneurs : on conçoit de-là qu'il est satirique. On a été assez content de ce que l'auteur en a débité. Cela n'approche pas pourtant de sa fameuse *Neuvaine* : c'est un poëme en neuf chants de six cents vers chacun , qui roule uniquement sur les plaisirs physiques de l'amour , & sur l'art de les varier neuf fois.

7 *Juin* 1778. Une fille connue depuis long-temps sur le pavé de Paris pour une ambulante cherchant fortune , douée d'ailleurs d'une assez belle figure , d'une taille haute , d'une vaste corpulence, d'un organe proportionné à cet extérieur, a plu au sieur Monvel , & il s'est imaginé , à l'aide de ces moyens, d'en faire une actrice propre à la scene Françoise. Telle est la demoiselle *Mars* , qui, pour un moment , y a produit le concours occasioné jadis par mademoiselle Raucoux. Mais celle dont il s'agit , quoique n'ayant paru sur aucun théatre, a si fort roulé son corps , qu'elle n'a pu exciter long-temps un semblable engouement. Outre qu'elle n'est plus jeune , qu'elle a un mauvais accent provincial, qu'elle ne sait pas ménager sa voix , qu'elle n'a nul à-plomb, qu'elle ne peut ni diriger sa marche , ni mesurer ses mouvements , c'est qu'elle n'a point les moyens de l'ame capables de dédommager du reste. Après avoir excité de grands applaudissements dans *Mérope* , elle a foibli considérablement dans *Phadre* , & aujourd'hui il n'en est plus question.

8 *Juin* 1778. Un chanoine régulier de la Sainte-Trinité, vulgairement dit *Mathurins*, nommé de la Rue, enhardi par quelques essais dans la littérature, & d'un caractere naturellement inquiet & factieux, a voulu se faire un nom en perdant son général, en détruisant son ordre & en se sécularisant. Gâté par la lecture des mémoires du sieur de Beaumarchais, il s'est imaginé qu'avec de semblables libelles il réussiroit. En conséquence il en a répandu plusieurs contre M. Pichault : c'est le nom du général. Ils ont en effet été très-accueillis, parce que tout ce qui tend à décrier les moines est toujours bien reçu : enfin le parlement vient de venger ce chef, en ordonnant au frere de la Rue de rentrer sous son obéissance, & de se conformer aux destinations qu'il en voudra faire. Les libelles diffamatoires sont supprimés, & la cour, pour les peines qu'auroit encouru en justice ce calomniateur, qui a même employé le faux, paroît s'en être remise à la correction paternelle du supérieur du religieux turbulent.

8 *Juin*. On cite un très-beau vers bien propre à caractériser M. Franklin, & à servir d'inscription à son portrait :

Eripuit cælo fulmen, sceptrumque tyrannis.

9 *Juin* 1779. La premiere représentation *Delle finte Gemelle*, ou des *Jumelles supposées*, opéra bouffon Italien, en deux actes, musique de monsieur Piccini, doit enfin avoir lieu jeudi onze. On craignoit un nouveau retard par celui d'un acteur que l'on attend ; mais le rôle d'officier qu'il devoit remplir sera exécuté par

A 5

la fignóra Farnefy , jeune actrice de feize ans, qui s'en eft chargée , en comptant fur l'indulgence du public qu'elle réclame.

L'intermède fera fuivi du ballet du fieur Noverre , dont le titre eft *les petits riens.*

10 *Juin* 1778. Le fieur Saugrain , qui préfide à l'illumination de la capitale depuis la retraite du fieur Châteaublanc , le véritable auteur de toutes les améliorations faites en ce genre , eft allé faire au Havre l'expérience d'un fanal en reverbere , plus confidérable encore que celui placé fur la tour des Baleines à l'Ifle-de-Ré : le dernier doit être monté fur la tour de Chaffiron en l'Ifle-d'Oléron.

11 *Juin* 1778. La comédie Italienne s'occupe férieufement de la nouveauté intitulée : *les oreilles de Midas.* Madame Trial n'y pouvant jouer par une indifpofition , fera remplacée par madame Dugazon.

1.1 *Juin.* Le gouvernement ayant fait défendre à tous les journaliftes, & autres écrivains en France , de faire mention en rien de M. de Voltaire, le dernier acte de fa vie & les fuites qu'il a eues , font toujours dans l'obfcurité. Il paffe pour conftant aujourd'hui , que fon cadavre dépofé à Scellieres , y a été enterré provifoirement par les moines , & voici comment.

Après avoir ouvert ce cadavre , on l'a affemblé , on l'a affublé d'une perruque & d'une robe de chambre : l'abbé Mignot s'eft rendu le premier au couvent, a prévenu fes religieux que fon oncle , quoique moribond , par une fantaifie de malade , avoit defiré venir chez lui ; qu'il n'avoit pu lui refufer cette confolation, & qu'il alloit toujours lui préparer un appartement ; mais qu'il craignoit bien que ce ne fût en vain. En effet, peu après est arrivé le carrosse, & le conducteur a déclaré que son maître étoit mort en route, même depuis quelque temps, qu'il commençoit à puer : & sur cette déclaration, confirmée vraisemblablement par les médecins & chirurgiens de la maison gagnés, on a dès le lendemain procédé à l'inhumation.

Depuis est survenu de la part de l'évêque de Troyes, dans le diocese duquel est l'abbaye, défense d'enterrer cet impie ; mais la chose étoit faite, & l'on présume avec assez de raison que ce prélat, moins zélé que les autres, se sera conduit ainsi pour ne se brouiller avec personne.

12 *Juin* 1778. L'académie Françoise s'est adressée aux cordeliers pour y faire faire un service pour le repos de l'ame de monsieur de Voltaire ; mais ces moines, peu scrupuleux, ont déclaré qu'ils en avoient reçu des défenses. La compagnie a député vers monsieur le comte de Maurepas, qui a répondu ne pouvoir rien faire à cet égard dans ce moment-ci, & a exhorté messieurs à prendre patience.

En conséquence l'académie a arrêté qu'il ne seroit fait de service pour aucun académicien que celui de M. de Voltaire n'eût été exécuté.

12 *Juin*. On commence à s'impatienter du silence de Me. Linguet ; depuis son n°. 24, dernier de sa premiere année, rien ne paroît. Ses partisans même ne savent trop où il réside. On assure qu'on a délibéré à Geneve si l'on y recevroit ce fugitif turbulent, & il a été arrêté

que non : ils craignent que cette exclufion n'ait été un exemple pour les divers cantons de la Suiffe, & même pour Neuchâtel. On le croit occupé encore à chercher un lieu où il puiffe prendre pied, lui & fon journal, que les puiffances regardent avec affez de raifon comme un libelle périodique. Peut-être fera-t-il obligé de retourner en Angleterre, d'où cependant on juge qu'il a reçu l'infinuation de fortir.

12 *Juin* 1778. Les *Finte - Gemelle* n'ont eu aucun fuccès comme poëme : point d'opéra bouffon plus trifte ; nulle gaieté, pas le mot pour rire, point de fituation piquante. La mufique contient des ariettes charmantes, mais qui perdent beaucoup par l'ennui du récitatif d'une longueur énorme. Il faut voir ce que ce genrelà deviendra après quelques repréfentations.

Quant au Ballet Pantomime des *petits riens*, il a été très-applaudi : il a fait fortir les fpectateurs de l'engourdiffement où les avoit jetés le froid des bouffons.

12 *Juin*. Le teftament de M. de Voltaire à fon ouverture a étonné tout le monde. On comptoit y trouver des difpofitions qui feroient honneur à fon efprit & à fon cœur. Rien de tout cela, il eft très-plat, & fent l'homme dur qui ne fonge à perfonne & n'eft capable d'aucune reconnoiffance. Ce qui augmente l'indignation, c'eft qu'il a deux ans de date & a été fait conféquemment avec toute la maturité de jugement poffible. Voici les principaux articles :

A M. *Vagnieres*, fon fecretaire, fon bras droit, dont il ne pouvoit fe paffer, qu'il appelloit fon ami, fon *fidus Achates*, 8,000 liv.

une fois payées : rien à fa femme & à fes enfants.

A fon domeftique , nommé *la Vigne*, qui le fervoit depuis trente-trois ans, une année de gages feulement.

A la *Barbaras*, fa gouvernante de confiance, 800 liv. payées une fois feulement.

Aux pauvres de Ferney, trois cents liv. une fois payées.

Six livres Anglois à un M. *Durieu* ; du refte rien à qui que ce foit.

A madame Denis 80,000 livres de rentes & 400,000 livres d'argent comptant, en ce qu'il la fait fa légataire univerfelle : 100,000 livres feulement à l'abbé Mignot, fon autre neveu , & autant à M. d'Ornoy.

13 *Juin* 1778. A en croire l'avertiffement mis à la tête *delle Finte Gemelle*, cet opéra bouffon offre des fituations plus piquantes & plus comiques que ne le font ordinairement les ouvrages Italiens de ce genre , & en outre l'on s'eft attaché particuliérement au choix en l'élaguiant. Le plan & le dialogue font faciles. Les incidents ne font point forcés. Les caracteres contraftent entr'eux , & ne dégénerent point dans un burlefque trop bas. Quant à la mufique , tout y eft d'une vérité, d'un coloris & d'une fraîcheur dignes des connoiffeurs. Cette derniere affertion peut être jufte à quelques égards : mais pour ce qui précede , malgré le nom impofant de l'auteur, puifqu'on attribue le poëme au fieur Goldoni, on s'accorde généralement fur le froid & l'ennui du poëme ; on ne varie que du plus au moins.

14 *Juin* 1778. La demoiselle d'Eon , trop violemment outragée par les lettres du sieur de
Beaumarchais, pour ne pas chercher à donner à
ses accusations toute l'authenticité & la légiti-
mité possibles, fait imprimer un recueil du comte
de Vergennes. Son adversaire , peu curieux d'honneur , est à Marseille actuellement , occupé à
faire des expéditions pour l'Amérique Angloise ;
car , quoique les Insurgents lui aient retiré leur
confiance , il travaille pour son propre compte,
ou pour celui des dupes qui veulent bien s'af-
socier à lui.

14 *Juin*. Le ballet des *petits riens* est composé de trois scenes épisodiques. La premiere
est purement anacréontique ; c'est l'amour pris
au filet & mis en cage ; la composition en est
très - agréable ; elle est parfaitement exécutée
par la demoiselle Guimard , le jeune Vestris &
un petit enfant plein de graces. Dans la seconde , qui est le jeu de colin - maillard , c'est
le sieur Dauberval , dont le talent pour la pantomime gaie est si connu , qui le pousse au point
de vérité le plus agréable & le plus folâtre.
Une espiéglerie de l'amour forme l'objet de la
derniere scece. A deux bergeres il en présente
une autre déguisée en berger ; elles en deviennent amoureuses & jalouses ; & quand elles ont
été bien dupes , leur compagne les désabuse.
La demoiselle Asselin fait le rôle de l'homme
supposé , & les demoiselles Guimard & Allard ,
quoique peu faites pour figurer ensemble , ceux
de femmes. Dans cette scene, la plus piquante ,
la premiere danseuse a principalement brillé , au
point qu'à l'instant du dénouement on a crié *bis*.
On est étonné de la multitude de figures variées

par lesquelles se prolonge la contredanse qui
termine ce ballet charmant.

13 Juin 1778. Il paroît que le clergé ne s'est
porté à son éclat fâcheux contre le cadavre de
M. de Voltaire, que poussé à bout lui-même &
ne pouvant pallier, comme il auroit desiré, la
persévérance de ce damné mourant dans son
incrédulité; les prêtres n'ignorent pas que dans
ces cas-là il faut mettre un peu d'astuce, afin
de faire valoir le pouvoir de la religion, qui
triomphe tôt ou tard des mécréants les plus in-
trépides. Le curé de saint Sulpice ne demandoit que l'instant d'un acte d'effroi, de com-
plaisance ou même de dérision, tel que celui
où s'étoit si heureusement trouvé l'abbé Gau-
thier, pour administrer en conséquence quelque secours spirituel au moribond, & s'en pré-
valoir. Malheureusement ce coryphée de l'impiété s'est toujours trouvé entouré de philosophes, qui, sous prétexte de lui rendre des soins,
de lui donner des consolations, le soutenoient
par leur présence, & ranimoient les restes de
son amour-propre. Enfin, le pasteur, dont la
charité étoit infatigable, peu avant la mort de
M. de Voltaire s'est encore approché de son lit,
& lui a demandé s'il croyoit à la divinité de
Jesus-Christ? L'agonisant a hésité une minute,
puis a repondu : « monsieur le curé, laissez-
» moi mourir en paix : » il s'est retourné & est
mort en effet, en réparant aux yeux de ses
disciples la pusillanimité qu'il avoit montrée,
lors de son premier accident. Le curé confus
n'a pu employer la politique dont il comptoit
se servir, & a été forcé de rendre en quelque
sorte hommage lui même à la fermeté de l'a-

pôtre de l'incrédulité , en fe comportant comme
on a vu.

Le gouvernement , dont la foibleffe fe manifefte en tout , a fait défendre aux comédiens de
jouer aucune piece de M. de Voltaire jufqu'à
nouvel ordre. Il a craint quelque fermentation
dans le public ainfi raffemblé. Quel contrafte
avec le couronnement du moderne Sophocle ,
il y a trois mois !

15 *Juin* 1778. Voici l'épitaphe latine de M. de
Voltaire, qu'on renouvelle plus juftement dans
cette circonftance :

En tibi dignum lapide Voltarium
Qui
In Poëfi magnus ,
In Hiftoria parvus ,
In Philofophia minimus ,
In Religione nullus ;
Cujus
Ingenium acre ,
Judicium præceps ,
Improbitas fumma ;
Cui
Arrifere muliercula ,
Plaufere fcioli ,
Favere prophani ,
Quem
Irriforem hominum , Deum que ,
Senatus , Populufque Athæo-phyficus ,
Aere collecto
Statua donavit.

15 *Juin*. Malgré l'importance que le fieur
Paliffot met à fon *Triomphe de Sophocle* , pré-

tendue comédie, rien de plus médiocre & même
de plus plat. Cet écrivain, qui excelle dans la
méchanceté, n'a pas le même talent pour louer.

Il prévient dans un avis préliminaire, que
cette piece avoit été envoyée le 24 mars à mademoiselle Vestris; qu'il avoit gardé l'anonyme,
à raison du peu d'accueil qu'il attendoit person-
nellement des comédiens; que son but étoit de
la faire exécuter le jour où M. de Voltaire paroî-
troit au spectacle; ce qui eut lieu six jours après,
c'est-à-dire, le 30 mars : il reproche aux acteurs
de n'avoir pas eu en cette occasion l'enthousiasme du génie, dont auroient été animés la demoiselle Clairon & le sieur le Kain, & d'avoir
voulu renvoyer cette nouveauté à la reprise d'I-
rene; ce qui ôtoit à l'auteur le principal caractere dont il se fait gloire, celui de prophete,
parce qu'il prévoit tout ce qui s'est passé à cette
fameuse journée, & à sa piece son mérite unique, celui de la surprise. C'est ce qui l'a déterminé à renoncer à se voir jouer, & à se faire
imprimer.

Dans un épître dédicatoire à M. de Voltaire,
en date du 24 avril, le sieur Palissot prépare la
palinodie qu'il a chantée depuis dans le Journal
du sieur de la Harpe, du 5 juin. Quant à son
drame, composé de quatre scenes, c'est le trait
de Sophocle contre ses enfants mis en action,
que tout le monde connoît, avec quelques détails
relatifs au héros du jour.

16 Juin 1778. Les bouffons ont eu l'honneur de jouer samedi devant leurs majestés : le
roi s'y est tellement déplu, qu'il n'a pu y tenir, & après avoir prodigieusement bâillé, est

forti à la fin du premier acte , en déclarant qu'il
ne s'étoit si fort ennuyé de sa vie. La reine a
fait meilleure contenance , & quoiqu'on la vît
bâiller presque malgré elle , S. M. assuroit que la
musique étoit charmante , & la dédommageoit de
tout. Cela n'a pas empêché qu'on n'ait fait contre
ces malheureux histrions , l'épigramme suivante,
qui porte cependant en grande partie sur le nouvel
entrepreneur :

> Avec son opéra bouffon ,
> L'ami de Vismes nous morfond ;
> Si c'est ainsi qu'il se propose
> D'amuser les Parisiens ,
> Mieux vaudroit rester porte close,
> Que de donner si peu de chose
> Accompagné de *Petits Riens*.

Ceci est relatif au ballet & à son titre.

16 *Juin* 1778. M. le marquis de Villette,
qui se flattoit de garder le cœur de M. de Voltaire , & se proposoit de le placer dans sa terre,
où il lui auroit élevé un superbe mausolée , a été
obligé de le rendre à la famille , qui l'a réclamé.
Il paroît même qu'il en a résulté des tracasseries
entr'eux, car madame Denis, ne pouvant encore
occuper sa maison, rue de Richelieu, est cependant sortie de la rue de Beaune & est dans une
maison d'ami.

17 *Juin* 1778. La seconde représentation des
bouffons, qui devoit avoir lieu aujourd'hui, est
remise à semedi, par l'arrivée de la basse-taille
qui doit jouer le rôle de *Marescial*, qu'avoit
rempli la premiere fois la Signora Farnesy. Le
sieur de Vismes se flatte que ce changement , &

d'autres plus effentiels, produiront un excellent effet.

18 *Juin* 1778. Les journaux & autres ouvrages périodiques font dans une grande crife par la cataftrophe du *Mercure*, qui eft fufpendu depuis la déroute du fieur la Combe qui en avoit l'entreprife. Cette fufpenfion donne lieu à des projets de fuppreffion totale de celui-ci & de plufieurs autres, pour en faire un qui s'enrichiroit de tant de dépouilles.

Celui de monfieur Paliffot & Clément vient de mourir d'inanition. Ces fameux critiques, dont le nom promettoit d'alimenter merveilleufement la malignité des lecteurs, n'ont pas répondu à cette attente, & l'on a été obligé, faute de foufcriptions fuffifantes, de s'arrêter au tiers du renouvellement de l'année.

Enfin Me. Linguet, qui trouve auffi des obftacles, éveille l'efpoir de fes concurents.

19 *Juin* 1778. Quoique l'auteur du *Courier de l'Europe* cherche à déguifer fon évafion d'*Angleterre*, pour ne pas décréditer fa feuille auprès de fes lecteurs, fon correfpondant ne diffimule pas qu'il réfide aujourd'hui en France, & il le place à Calais: cependant, par le rendezvous des lettres, qui eft affigné à Boulogne-fur-Mer, on feroit tenté de croire que c'eft le lieu de fa réfidence. Au refte, on s'apperçoit aifément de fon embarras, par le retard de fes nouvelles & la confufion qui y regne. Cette perfécution miférable des Anglois eft une preuve combien leur gouvernement eft dégénéré de fa grandeur! combien les vues en font aujourd'hui petites, mefquines & inconféquentes! Les feuilles de Londres ne paffent même

ici que difficilement & avec beaucoup de dé-
tours.

19 *Juin* 1778. L'évêque de Rodez, grand in-
triguant de son métier, a si bien manœuvré, qu'il
a gagné en plein le procès qu'il avoit contre
son chapitre, & qu'il aura désormais la liberté
d'y exercer son despotisme avec toute la ty-
rannie qu'il voudra. Il a obtenu de gros dommages & intérêts : en outre, les mémoires ré-
pandus contre lui par ses adversaires sont supprimés comme libelles diffamatoires ; l'abbé
de Portelance, député du chapitre, est exilé
dans un petit lieu du Rouergue par lettre de
cachet.

19 *Juin*. Rien de plus plaisant que l'importance que mettent ici à leurs petits projets
nos faiseurs de spéculations. Un sieur de la
Blancherie a imaginé une correspondance générale sur les sciences, la littérature, les arts
& la vie des gens de lettres & des artistes de
tous les pays, & il se propose d'en publier tous
les détails par quinzaine, sous le titre de *Nouvelles de la république des Lettres & des Arts.*
Il tient aussi des assemblées hebdomadaires, in-
diquées sous le nom de *rendez-vous de la république des lettres.*

Or, qu'est-ce que cet agent-général des savants, des gens de lettres, des artistes & des
étrangers distingués ? Un jeune audacieux qui
n'est connu par aucun talent. Où tient-il ses
assemblées ? Dans un galetas du college de
Bayeux, où il n'y a pas même de chaise, & où
il faut rester debout depuis trois heures jusqu'à
dix du soir que durent ses séances. Enfin,
qu'y fait-on ? On y cause comme dans un café,

d'une fanon plus incommode feulement. Qu'y voit-on ? Des chofes qu'on trouveroit chez les artiftes & qui y feroient encore mieux, parce que fe feroit chaque jout & à toute heure. Où font fes correfpondances ? Dans un gros livre, dans lequel il a écrit les adreffes de quelques favants ou artiftes étrangers qu'il a apprifes. —— Quant à fon journal, on reçoit bien l'argent pour les foufcriptions, mais rien ne paroît.

Malgré l'approbation que l'académie des fciences, on ne fait pourquoi, a jugé à propos de donner à ce projet le 20 mai, fur le rapport de meffieurs Franklin, le Roi, le marquis de Condorcet & Lalande, on peut affurer par expérience que c'eft jufques à préfent l'ideé la plus folle, la cotterie la plus plate & la correfpondance la plus vuide.

19 *Juin* 1778. Comme on fe difpofe à donner demain la feconde repréfentation des bouffons, voici pour l'intelligence l'expofition des *Finte-Gemelle*.

Deux feigneurs Languedociens arrivent de Touloufe à Paris, & defcendent dans un auberge, dont la maîtreffe fe nomme *Olivetta Ifabelle*; fa voifine, inftruite de la venue de ces deux étrangers, fe propofe de s'amufer à leurs dépens. Elle déploie fon caractere vif & enjoué, & fous un double rôle les captive tous deux. Chacun fe glorifie de fa conquéte; l'un croit avoir touché le cœur d'une veuve charmante; l'autre celui d'une demoifelle auffi belle qu'ingénue. Ce qui donne lieu à toutes les folies des amoureux en pareil cas. Enfin, la fupercherie eft découverte, & après quel-

ques reproches , des menaces, des brouilleries
& même des injures , arrive le raccommodement,
d'où réfulte un double mariage.

Du refte , les paroles rendues littéralement
ont paru fi peu propres à réuffir , qu'aucun
traducteur n'a ofé s'en charger , & qu'on n'a mis
en François que l'argument de chaque fcene ,
très en bref.

20 *Juin* 1778. Les perfonnages des *Jumelles
fuppofées* : font *Belfiore* , l'un des deux gentilshommes Languedociens , d'un caractere doux
& facile , affichant fon efprit & fon amour
pour les fciences : le rôle eft rempli par le fignor *Caribaldi*, tant vanté , mais dont la voix
annonce un chanteur ufé.

Ifabella , la jeune dame riche , aimant l'in-
trigue & habituée à prendre différents carac-
tères , tantôt celui de madame *Accofta* , veuve
éplorée , tantôt celui de *Preciofina* , fille fans
expérience & ingénue. La fignora *Chiavacci*
jouoit ce double perfonnage , & eft bien loin
du talent dans le jeu & dans l'organe qu'il exi-
geroit.

Marefcial , ami de *Belfiore* , eft l'autre gentilhomme Languedocien , parlant beaucoup de
guerres & de combats. Il faudroit un *Stentor*
dans ce rôle , & l'on juge qu'une femme ne
fauroit le rendre. Auffi la fignora *Farnefa* y a
échoué.

Enfin, la fignora *Rofina Byglioni* repréfente
l'hôteffe *Olivetta* , efpece d'entremetteufe qui
n'eft que très-fubalterne dans la piece.

20 *Juin* 1778. L'embargo mis fur les pieces
de théatre de M. de Voltaire a été levé enfin ,
& l'on a donné aujourd'hui *Nanine* pour débu-

ter. Les comédiens fe propofent de jouer fucceffivement toutes fes pieces , où ils efperent
qu'indépendamment de leur mérite, la circonftance de fa mort & leur interdiction à cette époque , attireront encore plus de monde.

21 *Juin* 1778. La fureur a encore été vive fa-
medi pour voir les bouffons ; & malgré les proteftations qu'avoient faites beaucoup d'amateurs
de ne pas y retourner, la curiofité leur a fait
braver l'ennui qu'ils prévoyoient , & qui n'a
pas manqué de les faifir ; car malgré de grands
retranchements faits au récitatif, & la fuppreffion des fcenes entieres , on foupiroit toujours
après l'ariette , qui venoit trop tard & finiffoit
trop tôt.

Le fignor *Fochetti* , qui a rempli le rôle de
Marefcial , & dont la baffe-taille devoit produire un grand effet , a été très-mal accueili.
On a préféré le deffus de la fignora Farnefa &
même fon jeu, quoique l'un & l'autre fuffent très-
médiocres.

Les demoifelles *Granier* & *Gobler* ont débuté dans un ballet entre les deux actes : la
premiere dans le genre agréable , la feconde
dans le genre noble. Elles ne font pas non plus
affez merveilleufes pour que la diverfion ait pu
faire fupporter le dégoût général des fpectateurs
fatigués des triftes bouffons.

Il y a à parier que la troifieme repréfentation
ne fera pas auffi fuivie.

22 *Juin* 1778. M. Rouffeau de Geneve , plus
ami de la retraite que jamais , vient de quitter
le féjour de Paris & de fe retirer à la campagne , environ à dix lieues d'ici , chez un ami
qui lui a offert fa terre. Comme cette nouvelle

s'eſt répandu depuis la mort de Voltaire , on
a fait courir le bruit que le ſort de ce célebre
incrédule l'effrayoit , & qu'il vouloit ſe ſouſtraire
à une perſécution ſemblable : mais il eſt conſtaté que ſon évaſion eſt antérieure.

On a voulu encore qu'elle fut la ſuite d'autres craintes qu'il avoit à l'ocaſion des *Mémoi-*
res de ſa vie , paroiſſant imprimés dans le public : mais ces mémoires , s'ils exiſtent, ſont
fort rares ; perſonne digne de foi n'atteſte les
avoir lus ou même vus , & il faut ſavoir ce
qu'ils contiennent pour raiſonner pertinemment
ſur cet article.

21 *Juin* 1778. Le ſieur Panckoucke montre un
brevet , par lequel il eſt nommé pour ſuccéder
au ſieur la Combe dans l'entrepriſe du *Mercure.*
Mais il ſe propoſe d'améliorer cet ouvrage d'un
ennui périodique ; il veut y joindre ſon journal politique & littétaire , & le faire paroître trois fois par mois. Les coopérateurs ſeront
pris entre les académiciens principalement. Cependant le ſieur la Combe attribue ſa banque-
route d'un demi-million aux ouvrages de pluſieurs académiciens , & entr'autres au poëme *des*
Incas de monſieur Marmontel.

22 *Juin.* Les concurrents commencent à ſe
mettre ſur les rangs pour ſuccéder à M. de Voltaire ; ſi le ſucceſſeur eſt nommé au temps preſ-
crit par l'arrangement , ce ſera l'abbé de Ra-
donvilliers qui lui répondra.

22 *Juin.* Le nouveau ſpectacle des Boulevards doit s'ouvrir dans le mois prochain, la
ſalle s'avance & produit un coup d'œil très-
agréable. On parle de le qualifier du nom de
Conſervatoire , parce que ce ſera une eſpece
d'école

d'école pour former des sujets au théâtre lyrique.
Outre le sieur Texier, à la tête de l'entreprise, il
y a un nommé *Abraham*, danseur de l'opéra,
qui lui est associé pour sa partie.

23 *Juin* 1778. Entre les différentes épitaphes
faites pour M. de Voltaire, il faut encore dis-
tinguer celle-ci, soit à cause de sa concision, de
sa justesse & de son impartialité, soit à cause de
l'illustre auteur auquel on l'attribue, monsieur
Rousseau de Geneve :

> Plus bel esprit que grand génie,
>
> Sans loi, sans mœurs & sans vertu,
>
> Il est mort comme il a vécu,
>
> Couvert de gloire & d'infamie.

24 *Juin* 1778. Les pieces de monsieur de Voltaire, données samedi & lundi, n'ont pas produit
la sensation qu'en espéroient les comédiens & ses
partisans. *Nanine* a même eu peu de monde :
quant à *Tancrede*, on a applaudi quelques endroits où l'on a cru trouver des allusions, mais
sans tumulte, & sans cet enthousiasme excessif
qu'on attendoit.

25 *Juin* 1778 L'autorité du sieur de Vismes sur
les sujets du théâtre lyrique, bien loin de se
consolider, reçoit chaque jour de nouvelles at-
teintes. Il a fréquemment des prises avec les
chanteurs, danseurs, avec l'orchestre, & sur tout
avec les demoiselles, qui lui parlent avec beaucoup
d'irrévérence ; & il est difficile qu'il puisse résister
long-temps à cette ligue générale.

25 *Juin* 1778. On confirme l'existence des
mémoires de la vie de Jean-Jacques Rousseau ;

Tome XII. B

on prétend qu'il y révele ingénument beaucoup de choses peu honnêtes , & même des crimes dont il est coupable , comme vols , &c. On ajoute que M. le Noir l'a envoyé chercher , lui a demandé s'il avouoit ce livre & les faits qui y étoient contenus ; & qu'à tout il a répondu, sans aucune tergiversation & cathégoriquement , oui ; que là-dessus le lieutenant de police lui a conseillé de quitter Paris, & de se soustraire aux recherches qu'on pourroit faire : que telle est la cause de son évasion. Tout cela est si singulier & si absurde , qu'on ne le rapporte qu'à cause du personnage fort cynique , & des auteurs de ce récit qui, par leurs liaisons avec le ministre, semblent mériter quelque créance.

26 *Juin* 1778. La société libre d'émulation doit tenir aujourd'hui une assemblée générale & publique ; elle aura lieu dans une salle de l'hôtel de Soubise : elle est toujours sans une certaine consistance , & même errante ; elle n'a aucun lieu fixe pour se réunir , & varie souvent de domicile.

26 *Juin*. On parle encore d'une troupe foraine qui , outre celle du sieur Texier , va s'établir sur les boulevards.

27 *Juin* 1778. Le signor Tozoni a joué , pour varier, avant-hier le rôle de *Marescial* , dans les *Fintes Gemelles* , & n'a guere mieux réussi que le signor *Focetti*. Il n'a pas l'étendue de voix qu'exige ce personnage ; ce que ses partisans attribuent à sa timidité.

27 *Juin*. On parle beaucoup de deux lettres manuscrites à joindre à celles de M. de Voltaire au curé de St. Sulpice , & du curé de St. Sulpice à M. de Voltaire. Elles roulent à peu

près sur la même matiere. C'est la lettre de M. l'évêque de Troyes au prieur de Scellieres, & la riposte du prieur au prélat. Le premier, après avoir conféré à l'archevêché avec M. de Beaumont, s'étoit adressé à ce moine pour lui intimer ses défenses, motivées sur l'impénitence & l'incrédulité finale du philosophe impie. On assure que la replique du bénédictin est excellente, qu'il rend compte de toute sa conduite, & sur-tout de l'écrit qu'avoit produit l'abbé Mignot, espece de profession de foi de M. de Voltaire, qu'il fit lors de son crachement de sang : il ajoute que son supérieur se trouvant sur les lieux, il n'avoit pu que déférer à son autorité; il finit par avouer humblement son ignorance sur ces matieres. On veut que cette épître ait été dictée par l'abbé Mignot, qui en fait part volontiers à ses amis intimes , mais n'ose trop la communiquer encore à cause du clergé.

28 *Juin* 1778. Les comédiens François , qui depuis long-temps nous font soupirer après quelque nouveauté, préparent enfin la tragédie des *Barmécides* de M. de la Harpe.

28 *Juin*. La société libre d'émulation a tenu vendredi sa séance publique.

M. de Saint-Sauveur , président, l'a ouverte par un très-petit & très-mince discours, dont le résultat étoit de demander l'assistance du public , c'est à dire, l'augmentation des souscripteurs, la meilleure maniere dont il puisse témoigner son approbation à la société.

M. l'abbé Baudeau , le secretaire , a fait un discours en regle contenant trois divisions. Dans la premiere , il a rendu compte des tra-

vaux de la compagnie pour étendre & confolider fon exiftence, en perfectionnant fon orga-
nifation.

Dans la feconde, il a détaillé les fujets des
prix propofés, & n'a pas diffimulé le peu de
fuccès qu'ils avoient eu; il a prétendu qu'il falloit
fe roidir, & vaincre l'ingratitude & la difficulté
des matieres.

Dans la troifieme, il s'eft étendu avec plaifir
fur plufieurs inventions, finon parfaites, au
moins décelant du talent & du génie, qui ont
reçu l'encouragement & des récompenfes de
la fociété.

Ce difcours a été fouvent applaudi. En général,
la premiere partie, où l'auteur a voulu mettre
de l'éloquence, a paru la moins bonne par un
étalage de mots & de phrafes, auquel répugnoit
fon genre. Il a beaucoup mieux réuffi dans les
deux autres par fa dialectique, par fon efprit
d'analyfe & de combinaifon, par un développement clair, fans trop le hériffer de termes techniques des objets relatifs aux arts ou aux métiers
qu'il s'agiffoit de mettre à la portée de tous les
auditeurs.

Enfuite les docteurs du Chanoy & Sallins, ont
cherché à faire connoître fucceffivement aux
fpectateurs différents mémoires & machines
nouvelles, dont les modeles étoient fur la table.
L'abbé Rofier a publié à la fin les programmes
des nouveaux prix, au nombre de dix, montant
à la fomme de 9,600 livres.

Le docteur Franklin étoit préfent à cette
affemblée, & fans doute il fera agrégé à la
fociété.

29 Juin 1778. Voici le titre du nouveau

Mercure de France , dédié au Roi par une société de gens de lettres , contenant le Journal Politique des principaux événements de toutes les Cours ; les Pieces fugitives nouvelles en profe & en vers ; l'Annonce & l'Analyfe des ouvrages nouveaux; les Inventions & Découvertes dans les Sciences & les Arts ; les Spectacles ; les Caufes célebres ; les Académies de Paris & des Provinces ; la Notice des Edits , Arréts ; les Avis particuliers, &c.

M. de Fontanelle eft toujours chargé de la partie politique ; M. d'Aubenton , des articles d'hiftoire naturelle ; meffieurs Macquer & Bucquet , de ceux de médecine & de chymie; l'abbé Remy & M. Guyot , des morceaux de jurifprudence ; M. Suard , de tout ce qui concerne la philofophie , les fciences & les arts ; M. de la Harpe , enfin , de tout ce qui eft du reffort de la littérature & des fpectacles. M. Imbert fournira des contes ; meffieurs Dorat & Berquin des idylles , des romances & des pieces fugitives ; & MM. d'Alembert , Marmontel & Condorcet , couronneront le tout par de la morale & de la métaphyfique.

Il paroîtra en effet un volume de 120 pages de dix jours en dix jours.

29 *Juin* 1778. On vient de faire au Louvre une nouvelle édition des *Maximes de M. le duc de la Rochefoucauld.* Elle eft d'une correction , d'une propreté , d'une élégance qui fait honneur au goût de celui qui en a rédigé l'exécution typographique. On croit que c'eft M. Suard , qui a fait précéder le tout d'une notice de fa compofition , fur le caractere & les écrits de l'illuftre auteur. On n'en a tiré qu'un petit nom-

bre d'exemplaires pour les philofophes amis , &
il ne s'en vend aucun.

29 *Juin* 1778. Extrait d'une lettre de Bordeaux,
du 23 juin 1778. .... Hier font arrivés les portraits du duc & de la duchefle de Chartres , préfents qu'ils font à la ville. Les jurats font allés
les recevoir en cérémonie , & les ont fait placer
à l'hôtel-de-ville : on a tiré le canon à cette
occafion.

29 *Juin*. Le *Jugement de Midas*, comédie en
trois actes , mêlée de chants , a été jouée avant-
hier pour la premiere fois aux Italiens , avec le
fuccès complet qu'on avoit prévu chez madame
de Monteflon.

29 *Juin*. Les bénédictins du couvent de
Sainte-Croix de la Bretonnerie font fupprimés ,
à peu près à l'inftar des céleftins.

30 *Juin*. C'eft aujourd'hui que l'académie
des belles-lettres doit procéder à l'élection d'un
nouveau membre pour la place vacante par la
mort de l'abbé Foucher. On compte que l'abbé
Guenée, ce redoutable adverfaire de M. de Voltaire dans fa querelle contre les juifs , fera nommé. Il a déja eu les fecondes voix à la derniere
élection , où M. Larcher a pafé ; ce qui eft prefque une certitude de fa nomination.

30 *Juin*. Madame Diane de Polignac, dame
d'honneur de madame Elifabeth , eft une jeune
perfonne qui n'eft point mariée, & fort de quelque couvent de chanoineffes. On a trouvé affez
fingulier qu'on mît cette princefle , à peine
échappée de l'enfance , fous la tutelle d'une
autre enfant, au lieu de la laiffer à la garde
de fes auguftes tantes. Quoi qu'il en foit, tout
le refte de la nouvelle maifon de madame Eli-

fabeth étant à l'avenant, on lui infpire des goûts
analogues. C'eft ainfi qu'ayant commencé à
monter à cheval durant le voyage de Marly,
elle a pris une paffion pour cet exercice, & ne
veut plus faire autre chofe.

1 *Juillet* 1778. On commence à voir au pied
de l'efcalier du cabinet d'hiftoire naturelle de
S. M. la ftatue du comte de Buffon, qui eft
fort mal fituée en cet emplacement, & n'eft pas
dans le point d'optique qu'il faudroit à ce
monument coloffal. M. de Buffon eft debout,
dans l'attitude d'un homme qui compofe. Le
génie enflamme fa figure pleine de nobleffe ;
il tient d'une main un poinçon & de l'autre un
rouleau, fuivant le coftume antique : on lit
au bas ces quatre mauvais vers fous le titre
d'*inauguration* :

Le Monarque commande, & le marbre refpire
  Sous les traits de Buffon :
La nature applaudit, & dans tout fon empire
  Fait révérer fon nom.

Mais fi ce quatrain ne fait pas honneur au
poëte, l'ouvrage en fait beaucoup au cifeau du
ftatuaire, M. Pajon.

2 *Juillet* 1778. Voilà le jour de l'élection du
fucceffeur de M. de Voltaire qui approche, &
les concurrents commencent à fe placer fur les
rangs, & à former leurs brigues. On parle d'un
qui excluroit bientôt les autres, fi on lui mettoit
férieufement en tête d'y fonger, & s'il defiroit
cet honneur littéraire : il s'agit du prince de
Condé. On affure que cette compagnie, crai-

gnant que l'orage élevé contr'elle, il y a peu de temps, & qui lui a fait craindre pour fa deftruction, ne renaiffe, voudroit perfuader à fon alteffe par fes flatteurs, qu'elle eft très-digne de remplacer le plus bel efprit du fiecle; que fon feul difcours aux états de Bourgogne, imprimé dans toutes les gazettes, eft un chef-d'œuvre d'éloquence, qui doit le faire affeoir au premier rang parmi les orateurs: enfin, ils lui citent l'exemple de fon oncle, le comte de Clermont, qui n'en a jamais tant fait certainement.

Mais d'autres gens diffuadent le prince de cette folle vanité, & lui difent qu'il doit fe contenter de chercher à briller à la guerre parmi les héros de fa race.

3 *Juillet* 1778. Il paroît que le clergé, malgré fon zele amer, n'a pu s'efcrimer comme il l'auroit defiré, contre le cadavre de monfieur de Voltaire, contre le prieur qui l'a inhumé à l'églife, qui l'a reçu dans fon fein. La même foibleffe du gouvernement qui l'a empéché de fe prêter aux actes de rigueur qu'auroit pu exercer la famille pour forcer le curé de faint Sulpice, l'empêche d'autorifer les prêtres à exercer leurs vengeances facrées. Ce qui les pique fur-tout, c'eft que ce héros d'impiété les ait perfiflés jufqu'au dernier moment. Voici comme il faut reftituer l'anecdote. Monfieur le curé de faint Sulpice a demandé à M. de Voltaire s'il croyoit en Dieu? A quoi il a répondu: « oui, » très-affirmativement, en ajoutant qu'il en avoit » toujours fait profeffion, & que tous fes ou- » vrages l'atteftoient. » Interrogé enfuite s'il croyoit en *Jefus-Chrift*? il a répliqué : « au

(33)

» nom de Dieu , ne m'en parlez pas. » Tels
font les termes plaifants , mais facramentaux,
dont les témoins oculaires dépofent qu'il s'eft
fervi.

3 *Juillet* 1778. Par les informatious qu'on fait
journellement fur le compte de Jean-Jacques
Rouffeau , on a tout lieu de croire que fes
mémoires prétendus dont on parle n'exiftent
encore que manufcrits. Il n'eft point hors du
royaume , comme on l'avoit dit ; il eft toujours
chez un M. de Girardin , fameux par fes jardins
Anglois , qui lui a prêté un afyle chez lui, où il
botanife , & fe livre à fon goût pour la campagne
& la retraite.

3 *Juillet*. Monfieur Dorat annonce fon projet
d'abandonner le *Journal des Dames* , dont
les foufcrptions ont diminué. On croit que
le fieur *Pankouke* va le penfionner pour
attirer à lui cette partie de littérature & les
pieces galantes dont elle étoit fpécialement le
dépôt.

4 *Juillet* 1778. Les lettres imprimées de mademoifelle d'Eon ne font autre chofe que celles
qui ont couru manufcrites cet hiver, & qu'on a
lu fucceffivement dans le *Courier du Bas-Rhin* ;
celui *de l Europe* , abfolument vendu au fieur
de Beaumarchais, ayant eu la malhonnêteté de
refufer de publier fa défenfe , après avoir répandu les lettres infolentes de celui-ci. On ne
trouve pas davantage dans le petit recueil en
queftion que la fameufe lettre à M. de Vergennes,
de 25 pages in-folio , la piece la plus intéreffante à parcourir & à connoître : ce qui a
trompé les lecteurs fuperficiels & peu inftruits
de cette querelle , c'eft une lettre en forme

B 5

d'envoi à monseigneur le comte de Vergennes pour madame la comtesse, en date du 15 février 1778, par laquelle mademoiselle d'Eon supplie ce ministre de lui présenter l'*Appel aux femmes* de la chevaliere. Cette épître qui n'étoit point dans le manuscrit, en effet est fort courte, ne roule que sur ce point, & ne peut se confondre avec celle du 20 janvier au même.

Quoi qu'il en soit, les honnêtes gens sont fort aises de la publicité de ces diatribes, faites pour démasquer le scélérat qui en est l'objet.

4 *Juillet* 1778. Pour servir tous les goûts, le nouveau directeur du théatre lyrique a imaginé de remettre aussi de notre vieille musique. En conséquence on continue à y exécuter l'acte de *Vertumne & Pomone*, du ballet des *Eléments*, musique de Destouches, & qu'on est à même de comparer à celle de la *Serva Padrona*.

5 *Juillet* 1778. Le sieur Bourgeois de Château-Blanc réclame contre la vanité du sieur Saugrain, qui s'est fait annoncer dans les papiers publics pour l'auteur des fanaux dont on a parlé. Le premier prétend que son éleve ne fait que suivre ses modeles, ses instructions & même se servir de ses ouvriers. Il lui reproche, après l'avoir expulsé en quelque sorte de l'entreprise de la fourniture des lanternes de Paris, & des gains considérables qui en résultent, de vouloir lui ravir aussi sa gloire. On ne peut qu'être touché des plaintes de ce vieillard, dont les talents se développent dans un degré plus éminent encore dans son fanal pour la Russie, objet de curiosité que vont voir les amateurs.

5 *Juillet* 1778. Le fameux Jean-Jacques Rouſſeau n'a pas ſurvécu de long temps à Voltaire ;
il vient de mourir dans le lieu de ſa retraite à
Ermenonville.

On dit aujourd'hui que les bruits qui ont couru
ſur lui & ſes mémoires, viennent d'un *ſupplément* à ſes œuvres en effet imprimé, & où il y a
beaucoup de choſes ſingulieres.

6 *Juillet* 1778. On croyoit que le maréchal duc
de richelieu, honteux du rôle infame que lui
font jouer ſes gens d'affaires en perſiſtant à
vouloir faire valoir le teſtament de la dame
de Gaya en ſa faveur, au préjudice de ſon légitime héritier, ſeroit le premier à provoquer un
arrêt qui infirmât cet acte de démence, d'in-
juſtice & de vanité puérile : mais il perſiſte, ce
qu'on a lieu de juger par un mémoire de Me. Aved
de Loizerolle, contre ce ſeigneur. Le nouvel
orateur ne le plaiſante pas auſſi ſinguliérement
que Me. Boucher, mais ne l'humilie pas mal,
& cherche à le faire rougir de ſa baſſe & ſor-
dide cupidité.

6 *Juillet*. Le ſieur de Beaumarchais, toujours actif & cupide, après avoir fait ſon expédition à Marſeille pour une ſpéculation maritime, s'eſt tranſporté à Aix, où il s'occupe
ſérieuſement à faire juger ſon procès contre le
comte de la Blache.

6 *Juillet*. Le ſieur Pankouke, en vertu
du brevet qui lui accorde l'entrepriſe du *Mercure*, éleve les plus grandes prétentions. Il ne
ſe contente pas d'avoir déja englobé le *Journal
François*, celui *des dames*, celui *de politique
& de littérature*, il voudroit que les autres

devinssent encore au moins tributaires du sien à
cause de sa primatie.

7 *Juillet* 1778. C'est le 2 de ce mois que Rousseau, revenant de la promenade à neuf heures
du matin, est mort d'une attaque d'apoplexie,
qui n'a duré que deux heures & demie. Il
avoit dessein depuis quelque temps de quitter
Paris ; il a cédé aux instances de l'amitié, &
s'est établi sur la fin de mai dernier dans une
petite maison qui appartient au marquis de
Girardin, seigneur d'Ermenonville, & située
près du château.

Ce seigneur lui a rendu les honneurs fune-
bres : son corps, après avoir été embaumé &
enfermé dans un cercueil de plomb, fut inhumé le samedi suivant 4 du présent mois,
dans l'enceinte du parc d'Ermenonville, dans
l'isle dite *des Peupliers*, au milieu de la place
d'eau appellée *le petit Lac*, & située au midi
du château, sous une tombe décorée & élevée
d'environ six pieds. Rousseau étoit né le 28
juin 1712.

7 *Juillet* Le sieur Colalto, acteur de la
comédie Italienne dans le rôle de *Pantalon*,
où il excelloit depuis environ 20 ans, est mort
le dimanche 5 de ce mois. Il étoit en outre
auteur de plusieurs canevas : mais la piece des
trois Jumeaux Vénitiens doit rendre son nom
immortel ; c'est sans contredit une des meilleures qu'il y ait au théâtre de ce spectacle, &
l'on se ressouviendra long-temps de l'art étonnant
avec lequel le sieur Colalto y exécutoit & va-
rioit ces différents rôles.

8 *Juillet* 1778. Le temps d'entrer dans les ordres
avançant pour M. l'abbé de Bourbon, & sa ma-

jefté perfiftant à ne pas vouloir le gêner fur fa
vocation, ainfi qu'elle le lui a déclaré au commencement de fon regne, a voulu s'en affurer. Elle
a prié Madame Louife d'y procéder, en exami-
nant les difpofitions de ce jeune eccléfiaftique.
M. l'abbé de Bourbon a témoigné une ardeur
fincere pour cet état, & rien ne s'oppofe plus
à fon defir. Il avoit même celui de fe faire recevoir docteur de forbonne ; mais il s'eft trouvé
un obftacle d'étiquette : c'eft qu'en vertu de fa
naiffance reconnue, il a prétendu devoir faire
fes exercices dans le fauteuil & couvert. La
forbonne étoit difpofée à lui rendre cet honneur ; mais M. le comte de Maurepas, qui
n'aime point cette progéniture du feu roi, a
prétendu qu'il n'avoit qu'à le faire recevoir
docteur en droit.

M. l'abbé de Bourbon eft toujours au féminaire de St. Magloire, où il occupe une maifon
particuliere : M. de Saint-Fare & de Saint-
Albin, les bâtards du duc d'Orléans & de mademoifelle Marquife, aujourd'hui madame de
Villemonble, y font auffi, mais ne fraient point
avec le premier ; fa mere s'y oppofe.

8 *Juillet* 1778. On donnera demain à l'opéra
la premiere repréfentation *delle due conteffe* ou
les deux comteffes, intermede en deux actes,
dont la mufique eft de Paéfiello. Il fera fuivi d'un
nouveau ballet pantomime du fieur Noverre, intitulé : *Annette & Lubin*.

9 *Juillet* 1778. Il eft queftion férieufement
d'abattre le petit Châtelet, qui obftrue le paffage
dans cette partie de la ville, débouché de grof-
fes voitures confidérables. En le faifant fauter,
l'hôtel-dieu auroit la facilité de prolonger une

aile parallele , fur l'autre bord de la riviere,
à celle qu'on conftruit à préfent : ce qui affure-
roit pour jamais l'établiffement de cet hôpital
en ce lieu , d'où l'on a tenté vainement de
l'ôter.

10 *Juillet* 1778. Aux différents journaux dont
le *Mercure* nouveau doit s'enrichir, il faut joindre
encore celui des *Théatres* , qui vient de prendre
fin.

10 *Juillet*. On affure qu'on n'a pu perfuader au
prince de Condé de fe mettre fur les rangs pour la
place vacante à l'académie Françoife , & qu'il
renvoie cet honneur à M. Déformeaux, le véritable auteur du difcours , qu'il a choifi entre plufieurs autres.

11 *Juillet* 1778. Les *deux comteffes* n'ont eu
aucun fuccès comme poëme , il eft fans contredit
plus burlefque que les *deux Jumelles* , & non moins
plat. Il y a des ariettes charmantes, mais il faut
paffer à travers des fcenes fi longues & fi ennuyeufes pour y parvenir, que les détracteurs du
nouveau genre perfiftent à prétendre qu'il ne peut
prendre ici.

Quant au ballet pantomime d'*Annette & Lubin* , il a été fupérieurement exécuté ; mais il
eft dangereux qu'en prodiguant trop ce genre ,
il ne produife plus d'effet, & ne devienne
trivial.

12 *Juillet* 1778. On parle d'un réglement fait
depuis quelques jours à l'opéra, par lequel les
femmes à haute coëffure ne feront pas admifes
à l'amphithéatre. C'eft le fieur de Vifmes qui a
imaginé cette police , qui a d'abord l'air d'une
plaifanterie , mais qu'on affure exifter. On ne
pourra le croire cependant qu'il ne foit affiché.

On s'en moque en attendant. On dit que la
Dlle. Saint-Quentin, si renommée pour les
nouvelles coëffures, en a imaginé une derniere qu'on appelle à la de Vismes, & que c'est
une coëffure plate. Au reste, comme il ne va
guere en cet endroit que des filles, des actri-
ces, ou des femmes à entrées, le directeur actuel a peut-être cru pouvoir s'arroger le droit
d'examen & d'exclusion.

13 *Juillet* 1778. On prétend que le sujet des
Barmécides, nouvelle tragédie de M. de la
Harpe, exécutée pour la premiere fois avant-
hier, est tiré des *mille & une nuits*, c'est-à-
dire, d'un recueil de contes à dormir debout.
Ceux dont la piece est issue, y ressemblent
beaucoup, mais sont cependant trop cruels &
trop atroces pour produire sur le spectateur un
pareil effet. On en jugera par les principaux
traits de la fable. C'est d'abord le calife *Aaron*
qui fait périr les *Barmécides*, parce que l'un
d'eux, son ministre, a épousé secrétement la
sœur de ce souverain; c'est le bourreau chargé
de l'exécution tyrannique qui s'attendrit, & qui,
pour sauver le chef de cette famille, se permet
de sang froid la barbarie de massacrer un esclave
innocent qu'il substitue à son maître. C'est le
tyran si sanguinaire qui oublie un enfant du
ministre que sauve le même bourreau. Ensuite
le pere & le fils sont cachés séparément. Le
dernier est porté en tribut parmi les enfants que
l'Arabe est obligé d'offrir à *Aaron* ; il devient,
comme de raison, un grand homme, & prend la
place de son pere. Cependant le calife s'est
répenti de sa cruauté ; il a fait élever un mausolée au vieux Barmécide, & tous les jours il y

vient pleurer. Enfin un certain *Saed* , le fau-
veur du pere & du fils , déclare à ce dernier
fa naiſſance , & lui remet une lettre de ſon pere
mort qui l'exhorte à le venger. Conjuration en
conféquence toute préparée , à la tête de laquelle eſt une princeſſe , véritable héritiere du
trône , & le ſeul reſte de ſa famille. *Barmécide* ,
le jeune , en eſt auſſi amoureux ; mais *Aaron* la
lui a refuſée ; ce qui le détermine encore plus
aiſément à devenir le chef de cette conjuration , ſans qu'aucun ſentiment de reconnoiſſance
pour ſon bienfaiteur le faſſe héſiter un inſtant.
Arrive un vieillard , qui dit être chargé de révéler au calife une conſpiration , & ce vieillard
c'eſt le vieux *Barmécide* reſſuſcité , qui trouve
plus grand de ſauver la vie au tyran que de le
détrôner. Il ſe fait connoître & apprend ce qui
va réſulter de ſa révélation ; il perſiſte. Imbroglio du diable qui naît de tout cela , dont le
dénouement eſt une révolte , dans laquelle pé-
rit le fils d'*Aaron* , le ſeul peut-être qui méri-
tât d'être épargné , n'étant pour rien dans tant
d'horreurs. Les coupables ſont ſauvés par l'in-
terceſſion du vieux *Barmécide* , en récompenſe
de ſon zele héroïque ; & *Aaron* fait épouſer la
princeſſe au fils de ſon ancien miniſtre , & leur
aſſure le trône.

Tel eſt le canevas de cette tragédie , abſolument contre les mœurs d'un bout à l'autre , où
l'héroïſme même eſt faux & outré continuellement , eſt mêlé de baſſeſſe & d'infamie ; en
ſorte qu'il n'y a pas un perſonnage à qui, avec
un peu d'honnêteté dans l'ame , on voulût ref-
ſembler. On voit que l'auteur, pour faire des
tours de force merveilleux , a abſolument ou-

blié de defcendre dans le cœur humain, & ne
fait peindre ni fes foiblesses, ni fes vertus ; en
forte que tous fes caracteres font manqués, &
ne peuvent conféquemment produire aucun
intérêt.

· 13 *Juillet* 1778. Tout le monde fe fouvient
du fameux l'Eclufe ; c'eft lui qui reparoît fur la
fcene, qui va d'abord établir un fpectacle à la
foire Saint-Laurent, & qui enfuite reviendra
fur les boulevards & fe doit conftruire une falle
auprès de *Torré*. Il s'agit de ramener l'ancien
opéra comique à vaudevilles.

Le confervatoire s'avance, & a déja écrit en
lettres d'or fur fon frontifpice : *Eleves pour la
danfe de l'opéra.*

14 *Juillet* 1778. Une lettre d'un certain marquis de Villevieille, protégé de monfieur de
Voltaire, inférée dans le *Journal de Paris*, contre
monfieur de la Harpe, qui n'a femblé profiter de
la faculté d'ouvrir la bouche fur le compte du
défunt, que pour critiquer fon maître & fon
bienfaiteur, ayant paru à la veille de la premiere repréfentation des Barmécides, l'a fingu-
liérement ému, au point qu'il en a verfé des
larmes de rage. Il s'eft remis cependant ; fon
amour-propre l'a raffuré, & il fait bonne contenance en cet inftant fatal, malgré les huées
fréquentes. Après la piece, ayant trouvé le fieur
la Rive chargé du rôle d'*Aaron*, qui a produit
quelque effet au cinquieme acte, & a relevé
la tragédie dont la chûte devenoit complete,
il l'a embraffé, en lui difant qu'il lui devoit
fon triomphe. Mais cette joie affectée n'étoit
pas fincere ; le poëte fouffroit intérieurement,
& il en a eu une diarrhée violente. A la feconde

repréſentation, s'étant apperçu qu'il y avoit très-
peu de monde aux *Barmécides*, ce ſpectacle lui
a ſerré le cœur encore, il n'a pu y tenir, & il
eſt ſorti. Cependant, comme la ſorte de public
qui y aſſiſtoit, n'étoit compoſée que de ſes
prôneurs ou gagiſtes, il a recueilli beaucoup
d'applaudiſſements, & des meſſagers fideles lui
en ſont venus rendre compte ; en ſorte qu'il eſt
un peu mieux portant, mais non ſa piece,
que vient étouffer de concert une chaleur ex-
ceſſive.

15 *Juillet* 1778. Les lettres de Hambourg
apprennent que Mlle. Raucoux, qui s'étoit retirée
dans cette ville avec la Dlle. Souck, non moins
renommée qu'elle pour le vice dont on accuſoit
la premiere, s'y étant permis des eſcroqueries,
qui ont attiré l'attention de la juſtice, ces deux
courtiſannes, malgré l'étalage de leurs charmes,
ont été condamnées à être fouettées, marquées
& bannies. Quelle chûte pour l'une dont le
début à la comédie Françoiſe lui avoit attiré
une célébrité ſans exemple juſques-là ; & pour
l'autre, ayant vu dans ſes fers le frere d'un
grand roi.

16 *Juillet* 1778. M. le marquis de Girardin
eſt par ſa mere un petit-fils du fameux *Ath*,
ce fermier-général renommé pour ſes richeſſes,
dont il a eu une grande partie. Il étoit un des
plus dociles diſciples de Rouſſeau, & lui & ſa
femme l'imitoient en tout dans leur genre de
vie très-cynique. Ils ont regardé comme une
bonne fortune de recueillir le cadavre du philoſophe : outre ce devoir rempli envers un
grand homme, ils rendent ainſi leur jardin à
l'Angloiſe le plus curieux par un monument

unique, & l'on affure qu'ils ont commandé un maufolée à un fameux fculpteur.

17 *Juillet* 1778. On a été bien furpris de voir le docteur Franklin, chargé des affaires les plus graves, fe prêter à la fête que lui a donné ces jours - ci la *Loge des Neuf Sœurs*, & paffer une journée entiere parmi un tas de jeunes gens & de poëtereaux, qui l'ont enivré à l'envi d'un encens fade & puérile.

On lui a donné le tablier de M. de Voltaire.

18 *Juillet* 1778. *Le Baptême à la Grecque, à M. le comte Strogonoff, feigneur Ruffe, fur le baptême de Mlle. fa fille.*

> Oui, vous baptifez mieux que nous,
> Cher comte, il faut que j'en convienne :
> Le diable eft mieux chaffé par vous
> Que dans notre églife Romaine.
> Que peuvent quelques gouttes d'eau
> Contre la tache originelle ?
> Chez nous à peine elle ruiffelle,
> Vous y plongez l'enfant nouveau :
> Voilà, comte, ce qui s'appelle
> Envoyer le diable à vau-l'eau.
> Quand Pierre dans fon eau luftrale
> Trempant fon trifte goupillon,
> Croyoit, par fon afperfion,
> Donner la grace baptifmale
> A mainte & mainte nation ;
> A coup fûr plus d'un Néophite
> Dut, échappant à l'eau bénite,
> Garder fa tache & fon démon.

Jean-Baptiste étoit bien plus sage,
Il conduisoit dans le Jourdain
Hommes & femmes de tout âge,
Accompagnés de leur parrain.
Là baignant ses cathécumenes
Et par-dessus & par-dessous,
Les diable, comme des hibous,
De leurs corps sortoient par douzaines,
Et s'échappoient par tous les bouts.
Il n'est point d'esprit plus rebelle
Que celui qui se fit serpent
Pour tenter la femme d'Adam.
Eve, sans doute, étoit très belle :
Lucifer en fut plus ardent
Pour se bien cantonner chez elle.
Depuis toute beauté femelle
N'a point dans son corps de parcelle
Où ne se loge le méchant.
Joli minois, taille élégante,
Pieds délicats & faits au tour,
Tettns arrondis par l'amour,
Bras potelés, bouche charmante.
Par-dessus tout, un œil fripon,
Tous ces appas ont leur démon.
Lisez Bougens (1) sur ce chapitre,
Et vous plaindrez à juste titre
Notre souci, notre embarras,
Quand d'une immonde fourmillere
Nous voulons purger tant d'appas

(1) Le pere Bougens, jésuite, auteur d'un petit Traité *sur l'ame des bêtes & sur celle des femmes*, qu'il prétend animées par des démons.

Par notre baptême ordinaire :
Il faut le vôtre en ce cas-là ,
Sur-tout pour fille de comtesse ,
Qui dans quinze ans nous offrira
L'esprit , la grace enchanteresse
De la maman qui la forma.
Je ne dis rien de son papa ,
Que le plus mince éloge blesse.
Mais pourtant , si je connoissois
Quelque mot qui rimât en *Ecque* ,
Sans le flatter je m'écrierois :
Vive le baptême à la Grecque !

18 *Juillet* 1778. Mercredi dernier la piece des *Barmécides* est presque tombée dans les regles. Il n'y a eu que 850 livres de recette. Le comédien Monvel , dont M. de la Harpe avoit fort maltraité l'*Amant bourru* dans son journal , a pris sa revanche par une *Complainte* sur l'air *des Pendus* , intitulée *les Barmécides*. C'est une critique très-détaillée , & conséquemment un peu longue , de cette tragédie ; elle est très-juste & le résumé des observations de tous les connoisseurs ; elle a vingt-trois couplets.

19 *Juillet* 1778. Aujourd'hui on a fait sur l'eau , depuis le Pont-neuf jusques aux Invalides , différents exercices du scaphandre , tendants à démontrer la sûreté & l'utilité de ce corcelet, dont l'abbé de la Chapelle prétend être l'inventeur , & construit par monsieur Hirault. Il est certain aujourd'hui qu'on parle fortement d'une descente en Angleterre , que ce vêtement pourroit être d'un grand secours , s'il conservoit à l'individu effectivement toute la liberté des

mouvements, & lui donnoit la facilité de faire
les évolutions qu'il voudroit.

19 *Juillet* 1778. Aujourd'hui que le *Jugement de*
Midas, ayant un fuccès général, a permis à fon
auteur, M. Delhi, de fe nommer, on lui en
contefte l'invention ; on veut qu'il ait pris ce
fujet dans une piece Angloife, quoiqu'elle ne
foit nullement dans le génie du théatre comique de cette nation, & qu'elle foit remplie de
fcenes délicates, de détails charmants, de jolies
chofes qui femblent plutôt appartenir à la nôtre.
Apollon fur-tout a un ton de perfiflage digne
du petit-maître de la cour le plus fpirituel & le
plus exercé.

Quoique la mélodie en foit très-agréable,
on ne la trouve pas auffi célefte qu'on la voudroit dans la bouche de ce dieu, & de ce dieu
de la mufique.

20 *Juillet* 1778. M. Diderot eft un de ceux
qui craignent le plus la publicité des mémoires
de Roufleau ; il dit qu'ayant paffé près de vingt
ans de fa vie dans la plus grande intimité avec
lui, il ne doute pas que ce cynique ne diffimu-
lant rien, & nommant chacun par fon nom,
n'ait relevé beaucoup de chofes qu'il préféreroit
devoir refter dans l'oubli. On jugeroit par fes
difcours, que Roufleau étoit un méchant homme
au fond.

21 *Juillet* 1778. M. Jean-Jacques Roufleau
étoit fort lié avec un horloger, beau-pere du fieur
Corencé, l'un des entrepreneurs utiles du *Jour-*
nal de Paris. On croit que c'eft cet horloger
qui eft dépofitaire des papiers & autres effets
littéraires de la fucceffion de ce philofophe.
Comme on avoit fait courir des bruits finiftres

fur fa mort , qu'on prétendoit volontaire , il fe
répand un extrait des minutes du bailliage &
vicomté d'Ermenonville , du 3 iuillet , par lequel il eft conftaté juridiquement , & d'après la
vifite des gens de l'art , que Rouffeau eft mort
d'une apoplexie féreufe.

Quant aux motifs de fa retraite , ils font
également contenus dans un écrit de fa main ,
daté du mois de février 1777 , par lequel l'on
voit que , forcé de quitter Paris , par la mo-
dicité de fon revenu , il demande une retraite.
Il ne rend point compte , au furplus , des raifons qui l'avoient obligé de fe priver des fecours qu'il fe procuroit en copiant de la mufique , genre de travail dont il s'étoit abftenu
depuis quelque temps. Voici ce fingulier mémoire domeftique.

« Ma femme eft malade depuis long-temps ,
» & le progrès de fon mal , qui la met hors
» d'état de foigner fon petit ménage , lui rend
» les foins d'autrui néceffaires à elle - même ,
» quand elle eft forcée à garder fon lit. Je l'ai
» jufqu'ici gardée & foignée dans toutes fes
» maladies ; la vieilleffe ne me permet plus le
» même fervice. D'ailleurs , le ménage , tout
» petit qu'il eft , ne fe fait pas tout feul ; il
» faut fe pourvoir au dehors des chofes nécef-
» faires à la fubfiftance & les préparer ; il faut
» maintenir la propreté (1) dans la maifon.
» Ne pouvant remplir feul tous ces foins , j'ai

_____

(1) Il eft écrit en note' à cet endroit : " mon in-
» concevable fituation , dont perfonne n'a d'idée , pas
» même ceux qui m'y ont réduit , me force d'entrer dans
» ces détails. "

» été forcé ; pour y pourvoir , d'effayer de
» donner une fervante à ma femme. Dix mois
» d'expérience m'ont fait fentir l'infuffifance &
» les inconvénients inévitables & intolérables
» de cette reffource dans une pofition pareille
» à la nôtre. Réduits à vivre abfolument feuls,
» & néanmoins hors d'état de nous paffer du
» fervice d'autrui , il ne nous refte dans les
» infirmités & l'abandon , qu'un feul moyen
» de foutenir nos vieux jours : c'eft de trou-
» ver quelqu'afyle où nous puiffions fubfifter
» à nos frais , mais exempts d'un travail qui
» déformais paffe nos forces , & de détails &
» de foins dont nous ne fommes plus capa-
» bles. Du refte , de quelque façon qu'on me
» traite , qu'on me tienne en clôture formelle
» ou en apparente liberté , dans un hôpital ou
» dans un défert , avec des gens doux ou
» durs , faux ou francs , (fi de ceux ci il en
» eft encore) je confens à tout , pourvu qu'on
» rende à ma femme les foins que fon état
» exige , & qu'on me donne le couvert , le
» vêtement le plus fimple & la nourriture la
» plus fobre jufqu'à la fin de mes jours, fans
» que je ne fois plus ob'igé de me mêler de
» rien. Nous donnerons pour cela ce que nous
» pouvons avoir d'argent, d'effets & de ren-
» tes , & j'ai lieu d'efpérer que cela pourra
» fuffire dans des provinces où les denrées
» font à bon marché , & dans des maifons
» deftinées à cet ufage , où les reffources de
» l'économie font connues & pratiquées , fur-
» tout en me foumettant , comme je fais de
» bon cœur , à un régime proportionné à mes
» moyens. »

21 *Juillet.*

. 22 *Juillet* 1778. *Apologie de l'état religieux*, *dans laquelle on prouve que les ordres & les con-grégations régulieres font très-utiles à la religion & à la société, & que l'incrédulité feule peut avoir intérêt à les déshonorer & à les détruire.* Telle est une brochure nouvelle fort rare , parce qu'étant spécialement dirigée contre la *Commiffion concernant les réguliers* , celle-ci a le plus grand intérêt d'en empêcher la publicité.

23 *Juillet* 1778. On parle déja d'un nouvel opéra que le chevalier Gluck doit nous donner cet hiver : c'est *Iphigénie en Tauride*. Ce fujet noir & tragique est parfaitement dans fon genre. Reste à favoir fi l'auteur du poëme qu'on ne nomme pas encore, aura fait des paroles dignes de ce grand maître.

24 *Juillet* 1778. Les ennemis de Me. Linguet triomphoient depuis quelque temps de fon fi-lence & de fon inaction ; ils s'étoient même enhardis à publier qu'il avoit été arrêté & le plaçoient dans diverfes citadelles tour-à-tour : il paffe pour conftant, au contraire, que n'ayant pu fe fixer en Suiffe, il est venu à Paris pour l'arrangement de fes affaires domeftiques , qu'il y est resté quelques jours , & a obtenu la per-miffion d'emporter fes meubles & effets , même avec quelques immunités : on ajoute enfin qu'il a eu audience des miniftres contre lefquels il a crié fi amérement, & qu'ils l'ont accueilli avec bonté.

25 *Juillet* 1778. Tout ce qui concerne un grand homme , & fur-tout M. de Voltaire étant pré-cieux , voici les pieces dont s'étoit muni l'abbé Mignot avant de fe rendre à Scellieres.

Tome XII.   C

1o. Il requit du curé de Saint Sulpice la renon-
ciation suivante :

« Je consens que le corps de M. de Voltaire
» soit emporté sans cérémonie, & je me départs
» à cet égard de tous droits curiaux. »

2o. Il extorqua de l'abbé Gaulthier la déclaration suivante :

« Je soussigné, certifie à qui il appartiendra,
» que je suis venu à la requisition de M. de
» Voltaire, & que je l'ai trouvé hors d'état de
» l'entendre en confession. »

3o. Le tout étoit précédé de la déclaration
suivante :

« Je soussigné, déclare, qu'étant attaqué de-
» puis quatre jours d'un vomissement de sang,
» à l'âge de 84 ans, & n'ayant pu me traîner
» à l'église, M. le curé de St. Sulpice, ayant
» bien voulu ajouter à ses bonnes œuvres, celle
» de m'envoyer M. l'abbé Gaulthier, prêtre,
» je me suis confessé à lui, & que si Dieu dis-
» pose de moi, je meurs dans la sainte religion
» catholique, où je suis né, espérant de la
» miséricorde divine, qu'elle daignera par-
» donner toutes mes fautes ; & que si j'avais
» scandalisé l'église, j'en demande pardon à
» Dieu & à elle. *Signé*, VOLTAIRE ; le deux
» mars 1778, dans la maison de M. le marquis
» de Villette, en présence de M. l'abbé Mignot,
» mon neveu, & de M. le marquis de Ville-
» vielle, mon ami. »

26 *Juillet* 1778. Le sieur Couture, l'architecte, chargé de la construction du palais, se
plaignoit depuis le commencement de ses travaux d'être gêné par la Tour de Montgomery.
Ce vieux monument faisoit partie de la con-

ciergerie , il fervit à renfermer les fameux coupables ; Damiens y avoit été. Le premier préfident d'Aligre y étoit attaché , il ne vouloit
point la laiffer démolir , en forte qu'il avoit fallu
faire deux plans. Enfin , au moment critique,
M. d'Aligre a confenti à la démolition , & rien
ne peut plus empécher l'artifte de s'évertuer ; il
va fe donner carriere , & le nouvel édifice coû-
tera infiniment plus qu'on ne l'auroit defiré.

2ȷ *Juillet* 1778. M. le chevalier du Coudrai,
qui avoit commencé de faire imprimer les *Aneç-*
dotes fur M. de Voltaire , a vu fon ouvrage arrêté
au milieu de l'impreflion. Cependant il paroît
que les journaux commencent à fe donner carriere , & lon trouve dans celui de Bouillon , intitulé
Journal Encyclopédique , du 1ʂ juillet, un recueil
de faits & de pieces qui ne peuvent que déplaire
au clergé.

17 *Juillet*. On montre manufcrite la préface
des mémoires de Rouffeau. Si elle eft authentique , elle donneroit lieu de croire qu'ils contiennent les faits étranges dont on a parlé &
bien d'autres. C'eft vraifemblablement ce qui a
fait courir tous les bruits , qui ont mis en l'air
les amateurs & les curieux , mais inutilement
ȷufqu'à préfent.

17 *Juillet*. C'eft madame Denis qui avoit
permis au marquis de Villette , de prendre le
cœur de M. de Voltaire ; fes neveux s'y font
oppofés. On voit en conféquence une lettre ,
fignée , *abbé Mignot* , *de Dampierre* , *d'Hornoy* ,
adreffée au libraire *Pankouke*. Elle eft du 1ʂ
ȷuillet. La voici :

C 2

MONSIEUR,

Un bruit accrédité par quelques papiers publics étrangers s'étant répandu dans Paris, que le cœur de feu M. de Voltaire avoit été distrait de son corps, pour qu'il lui fût fait des obseques particulieres ; nous, ses neveux, plus proches parents mâles, par conséquent chargés du soin de ses funérailles, assurons, comme nous l'avons déja fait dans une protestation publique, déposée chez Me. Dutertre, notaire, & signée de toutes les parties intéressées, que le testament de feu M. de Voltaire, ni aucun écrit émané de lui, n'indiquent qu'il ait jamais voulu que cette distraction fût faite en faveur de qui que ce soit, ni d'aucun monastere, ni d'aucune église ; que nous n'y avons point consenti, ni pu, ni dû y consentir ; que le procès - verbal d'ouverture & d'embaumement déposé chez le même notaire, ne fait aucune mention de cette prétendue distraction, qu'il ne paroît aucun acte qui en fasse foi ; & que dans de pareilles circonstances, ce qui pourroit avoir été entrepris à cet égard, seroit absolument illégal ; que ce qui pourroit avoir été distrait du corps de M. de Voltaire, sans aucune des formalités indispensables, ne seroit susceptible d'aucun honneur funebre. Nous vous prions, Monsieur, pour l'intérêt de l'ordre public & de la vérité, d'insérer cette assertion dans le prochain mercure. Nous sommes très-parfaitement, Monsieur, vos très - humbles & très - obéissants serviteurs, l'abbé *Mignot*, de *Dampierre*, *d'Hornoy*.

(53)

28 *Juillet* 1778. Extrait du regiftre des actes de fépulture de l'abbaye royale de Notre-Dame de Scellieres, diocefe de Troyes....... « Ce jourd'hui 2 juin 1778, a été inhumé dans cette églife meffire François-Marie Arouet de Voltaire, gentilhomme ordinaire de la chambre du roi, l'un des quarante de l'académie Françoife, âgé de 84 ans ou environ, décédé à Paris le 30 mai dernier, préfenté à notre églife le jour d'hier, où il eft dépofé, jufqu'à ce que, conformément à fa derniere volonté, il puiffe être tranfporté à Ferney, lieu qu'il a choifi pour fa fépulture ; ladite inhumation faite en préfence, &c. »

Cette piece eft encore tirée du *Journal Encyclopédique*, où l'on lit d'autres circonftances ajoutées pour rendre plus odieufe la conduite du clergé envers le cadavre de M. de Voltaire, dont la conduite prouveroit qu'il a au moins voulu fatisfaire à l'extérieur.

1°. Le journalifte avance que lors de fon accident du mois de mars, ce fut M. de Voltaire qui, de fon propre mouvement, envoya chercher l'abbé Gaulthier, qui s'étoit, ii eft vrai, préfenté à lui lors de fon arrivée, & lui avoit offert, en cas de maladie, les fecours fpirituels.

2°. M. de Voltaire fe confeffa, pendant plus d'une heure, à l'abbé Gaulthier, & donna enfuite la déclaration, qu'on a vue, dans laquelle cependant, par une contradiction affez fenfible avec l'écrivain, il regarde M. l'abbé Gaulthier comme un délégué de M. le curé & envoyé par ce pafteur ; ce qu'il n'auroit pu dire s'il l'eût mandé lui-même : d'ailleurs, comment ce bon prêtre fouffre-t-il que M. de Voltaire dife cela dans un

C 3

écrit dont il a participation , qu'il doit garder entre ſes mains ; ce qui annonceroit de ſa part du moins un menſonge pieux , s'il ſe fût déclaré venir de la part du paſteur , lorſque celui-ci n'en ſavoit rien.

3°. M. le curé de Saint Sulpice , ſuivant le même récit , vint voir M. de Voltaire le même jour , prit copie de cette profeſſion de foi , & la déclara authentique par un écrit qu'il donna à M. l'abbé Mignot , en ajoutant ſeulement que l'abbé Gaulthier n'avoit pas été envoyé par lui , comme le malade l'avoit cru. Le malade n'avoit donc pas envoyé chercher le confeſſeur.

4o. M. de Voltaire , durant ſa derniere maladie de près de quinze jours de durée , n'a jamais eu la tête libre deux minutes de ſuite. Le journaliſte oublie que deux pages avant il rapporte la lettre écrite par le moribond à M. de Lally , lettre qui n'annonce rien moins qu'un homme en délire , & qu'un homme occupé de ſa conſcience ; cependant , dit-il , c'eſt cette raiſon qui a empêché M. le curé de Saint Sulpice de le voir , comme il étoit invité par la famille.

5o. Enfin le ſamedi 30 mai , M. de Voltaire, dans un inſtant lucide , ayant envoyé chercher M. l'abbé Gaulthier , M. l'abbé Mignot alla chercher auſſi curé qui vint avec le confeſſeur ; mais par le peu de mots que M. de Voltaire prononça avec peine , ces deux meſſieurs jugurent , & M. le curé en prit à témoins la famille, qui étoit préſente , *que le malade n'avoit pas ſa tête.*

La fauſſeté de ce récit ſe démontre par les contradictions dans les faits.

28 *Juillet* 1778. Jeudi dernier les comédiens

Italiens se proposoient de jouer *l'Inconnu persécuté*, intermede Italien ajusté au théatre par M. Moline, musique d'Anfossi. Mais M. de Vismes le leur a fait défendre, prétendant que c'étoit aux bouffons à exécuter ces pieces.

29 *Juillet* 1778. Voici cette préface que Rousseau destinoit à ses mémoires ; elle est courte & en forme d'avertissement, mais d'une tournure originale & vraiment éloquente.

« Je formé une entreprise qui n'eut jamais
» d'exemple, & l'exécution n'aura point d'imi-
» tateurs. Je veux montrer à mes semblables
» un homme dans toute la vérité de la nature ;
» & cet homme c'est moi.

» Moi seul je sens mon cœur, & je connois
» les hommes. Je ne suis fait comme aucun de
» ceux qui existent : je ne vaux pas mieux ou
» moins ; je suis autre. Si la nature a bien ou
» mal fait de briser le moule dans lequel elle
» m'a jeté, c'est ce dont on ne peut juger
» qu'après m'avoir lu.

» Que la trompette du jugement dernier sonne
» quand elle voudra, je viendrai, ce livre à la
» main, me présenter devant le souverain juge.
» Je dirai hautement : voilà ce que j'ai fait, ce
» que j'ai pensé, ce que je fus : j'ai dit le bien
» & le mal avec la même franchise ; je n'ai rien
» tu, rien déguisé, rien pallié ; je me suis montré
» coupable & vil quand je l'ai été ; j'ai montré
» mon intérieur comme tu l'as vu toi-même,
» Etre éternel ! rassemble autour de moi l'innom-
» brable foule de mes semblables ; qu'ils écou-
» tent mes confessions, qu'ils rougissent de mes
» indignités, qu'ils gémissent de mes miseres,
» que chacun dévoile à son tour son cœur au

» pied de ton trône, & qu'un feul te dife en-
» fuite, s'il l'ofe, je fus meilleur que cet
» homme-là. »

30 *Juillet* 1778. On va faire enfin dans cette
capitale l'effai des pompes ou machines à feu
pour élever l'eau de la Seine & la diftribuer
dans les différents quartiers de la ville & fauxbourgs, & le projet paffé au confeil a été approuvé par le parlement. Les lettres-patentes
fur arrêt du confeil font du 7 février 1771, &
l'enrégiftrement du 16 de ce mois. Le privilege,
fans s'arrêter aux demandes des fieurs Dauxiron,
officier réformé au régiment d'Auftrafie, &
Capron, architecte, eft accordé aux fieurs Perier,
freres, pour quinze ans, à commencer du jour
que leurs machines commenceront à fervir. Il eft
exclufif, mais le gouvernement ne s'ôte pas la
liberté d'exécuter quand il voudra le plan de
M. de Parcieux, ou de tout autre dont l'utilité
fera reconnue.

Les freres Perier font en outre obligés de mettre
leurs machines en état de perfection, & de diftribuer 150 pouces d'eau au moins dans trois ans,
à compter du jour de l'obtention de leur privilege, à faute de quoi il fera nul.

31 *Juillet* 1778. Divers accidents déja arrivés
au-deffus du fol fous lequel on a ouvert des carrieres qui environnent & pénetrent dans Paris,
ont donné l'alarme au gouvernement, qui a
pris des précautions dont on a parlé cet hiver.
Un nouveau plus effrayant eft arrivé lundi fur
les onze heures du matin fur une carriere lon-
geant le chemin de Mefnil-montant ; fept perfonnes ont été englouties fous la terre, qui s'eft
entr'ouverte, fans qu'aucune ait pu fe fauyer ;

on a remarqué seulement une femme revenant à plusieurs reprises de terre , & enfin écrasée par de nouveaux éboulements.

Ces sept personnes sont les sieurs Favier , deux freres , dont l'un procureur au Châtelet , & l'autre maître maçon ; un sieur le Gris, ancien homme d'affaires de la maison de la Rochefoucault & sa femme; enfin la veuve d'un apothicaire , sa fille & sa petite - fille. A cette affreuse annonce , le malheureux gendre est devenu fou.

Depuis ce temps , deux cents ouvriers, le jour & autant la nuit , travaillent sans relache à chercher les cadavres , & sur-tout à mettre ces lieux hors d'état d'occasioner de nouveaux malleurs ; c'est une dépense de 100 pistoles par séance, c'est-à-dire , de 2,000 livres en vingt-quatre heures.

Monsieur le premier président , le lieutenant de police , d'autres magistrats & gens présidant aux travaux, visitent fréquemment ce lieu , qui attire tout Paris. C'est un spectacle pour les oisifs de cette capitale , & le chemin de Mesnil-montant est plus fréquenté que celui de Versailles.

La nuit on s'assemble sur les boulevards pour contempler une illumination résultant de quatre cents terrines ou pots-à-feu , qui de loin forment un coup d'œil , & indiquent ce gouffre funéraire.

On n'a en encore rien trouvé , pas même les vestiges d'un grand orme, à l'ombre duquel les engloutis se reposoient , & qui s'est enfoncé avec eux.

31 Juillet 1778. On doute que le sieur de Vismes puisse suffire à l'entreprise qu'il a formée

C 5

concernant l'opéra. Les fonds lui manquent, &
le fieur Compain, valet de chambre de la reine,
qui lui en fourniffoit, femble fe dégoûter d'un
repréfentant ne faifant que des fottifes, & de
plus en plus défagréable aux acteurs, danfeurs,
menétriers & au public; en forte qu'on préfume
qu'il fe fervira de fon crédit auprès de S. M. pour
faire expulfer ce directeur. On penfe que pour
plus de folidité on lui fubftituera une compagnie.
Jamais machine n'a été fi difficile à confolider
que celle de ce fpectacle.

31 *Juillet* 1778. Pour fuppléer à la foire Saint-
Ovide, qu'on fupprime, on va rouvrir décidément la foire Saint - Laurent : c'eft - là que le
fieur l'Eclufe, ancien acteur de l'opéra-comique
de Paris, fe propofe de donner un fpectacle varié
de différents genres, mêlé de pieces poiffardes,
pantomimes, à fpectacle & divertiffements. En
conféquence il invite les auteurs qui voudront
courir ces diverfes carrieres de lui communiquer
leurs ouvrages.

1 *Août* 1778. Pendant le miniftere de M. Turgot & l'adminiftration de la police exercée par
M. Albert, plufieurs particuliers avoient profité
de la liberté introduite fous ces meffieurs pour
réalifer divers projets, entr'autres un fieur le Rey
avoit formé un *Bureau d'indication* dans cette
capitale, qui a fubfifté jufqu'à préfent ; il ré-
pandoit même dans les provinces des affiches
pour fe faire connoître. Le gouvernement actuel,
fous prétexte que ces fortes d'établiffements ont
befoin de fon attache pour en faire la fûreté &
établir la confiance, par un arrêt du confeil du
12 juin, publié depuis peu, a renverfé la fpé-
culation du fieur le Rey.

1 *Août* 1778. L'exiſtence des mémoires de Rouſſeau en manuſcrit n'eſt plus douteuſe ; M. le Miere atteſte lui en avoir entendu faire la lecture en 1771. Ce fut en faveur du prince royal de Suede, alors à Paris ; elle eut lieu chez M. le marquis de Pezay, & ce fut le philoſophe Genevois qui lui-même en régala l'aſſemblée peu nombreuſe. La lecture dura depuis ſept heures du matin juſqu'à onze heures du ſoir, ſauf l'intervalle du dîner & du ſouper ; en ſorte qu'on voit que l'ouvrage eſt long, & doit faire deux volumes bien conditionnés.

Il paſſe pour aſſez conſtant encore que Rouſſeau étant malade dangereuſement, craignant de mourir, & enviſageant le ſort funeſte de mademoiſelle le Vaſſeur, ſa femme, lui dit de ne point s'affliger ſur ce qu'elle deviendroit après lui ; qui lui donna en même temps la clef de ſon ſecretaire, lui en fit tirer un paquet, en lui apprenant que c'étoient ſes mémoires manuſcrits qu'elle pourroit vendre, & dont elle tireroit bon parti. Si l'on en croit la ſuite de l'anecdote, elle ſe ſeroit laiſſé ſéduire par les offres d'un libraire étranger qui lui en auroit donné mille louis, qui en auroit même imprimé un volume ; mais qui, touché du chagrin & des plaintes du philoſophe, avoit ſuſpendu & promis de ne rien mettre en lumiere qu'après ſa mort. Voici le moment où il a la liberté de le faire.

On veut qu'en outre il y ait dans Paris un autre manuſcrit de ces mémoires, que tout le parti encyclopédique cherche à ſouſtraire par le rôle qu'y jouent les coryphées, & qu'ils ſavent ne devoir pas être à leur honneur.

2 *Août* 1778. Le fieur de Beaumarchais n'a pas manqué de répandre à Aix un mémoire, où dès le titre il s'annonce pour un perfifleur. Il porte : *Réponfe ingénue du fieur Pierre-Auguftin Caron de Beaumarchais, à la confultation très-injurieufe répandue à Aix par le fieur Falcoz, comte de la Blache*. Il eft daté du 17 juin & figné de maîtres Romeau Tributis & Pazery, avocats de Provence ; monfieur de Saint Marc, confeiller-rapporteur. Il réfulte de cet écrit, quant au fond, que les magiftrats, en voyant comme hommes que le fieur de Beaumarchais n'eft rien moins qu'intact, ne pourront le condamner comme juges, par fon adreffe à couvrir fon efcroquerie.

3 *Août* 1778. M. le duc de Chartres n'eft arrivé de Verfailles qu'hier au foir à cinq heures ; tout le palais étoit rempli de courtifans qui l'attendoient. L'abbé de Launay lui a préfenté à la defcente de fon carroffe une piece de vers intitulée *bulletin du Parnaffe*. Le prince a eu peine à monter fes efcaliers à caufe de la foule qui l'entouroit ; peu après il s'eft rendu à l'opéra pour y recueillir de nouvelles acclamations de joie.

3 *Août*. L'ignorance où l'on eft encore en France fur la maniere d'exploiter les mines, ce qui oblige d'avoir recours à des étrangers pour les mettre à la tête de ces travaux, eft le motif fur lequel on établit la fondation faite par le roi à la monnoie depuis peu, d'une chaire de profeffeur en Métallurgie & en Minéralogie docimaftique. Les lettres-patentes font du 11 juin, & l'enrégiftrement en ladite cour du 8 juillet.

C'eſt en faveur de M. Sage , membre de l'académie des ſciences , adjoint pour la chymie , qu'a été créée la chaire nouvelle. Il faiſoit depuis pluſieurs années gratuitement des cours publics , & ſes illuſtres écoliers ont concouru à le faire ainſi dédommager de ſon zele.

3 *Août* 1778. Saint-Cernain eſt un endroit de Rouergue ſi vilain , que M. l'évêque de Rodez , y paſſant, ne put s'empêcher de s'écrier : « ah ! l'abominable lieu ! » Il s'en eſt reſſouvenu , & par une vengeance raffinée & bien digne d'un prélat , y a envoyé l'abbé de portelance pour lui apprendre à plaider contre ſon évêque.

3 *Août.* L'ouverture du nouveau ſpectacle des boulevards eſt fixée décidément au 1 ſeptembre. La ſalle eſt charmante & d'un très-bon goût , le théatre vaſte & propre à exécuter tout ce qu'on voudra. Le nombre des éleves pour l'opéra eſt de 80 ſujets. On donnera pour commencer un prologue relatif au lieu , & une pantomime , intitulée : *la Jéruſalem délivrée.* Elle ſera exécutée d'après celle de Servandoni , repréſentée il y a plus de 25 ans ſur le grand théatre des Tuileries.

On prétend que la miſe dehors des entrepreneurs de ce petit ſpectacle forain , ſera de plus de 500,000 livres. Il eſt vrai qu'il doit être auſſi le magaſin du théatre lyrique.

3 *Août.* On annonce une piece récemment écloſe de la Minerve de monſieur Cailhava d'Eſtandoux , ayant pour titre *les Journaliſtes.* Il prétend que cette facétie ne doit bas ſe laiſſer refroidir , & veut être jouée tout de ſuite ; mais

on affure qu'aucun cenfeur n'ofe prendre fur lui d'approuver cette iniquité.

4 Août 1778. Mémoire pour monfieur l'archevê-que électeur de Treves, contre le fieur Martin, en préfence du fieur Regnault, fur l'état du comté de Stenai; la foumiffion de ce comté au concordat Germanique; & l'exécution en France de l'indult qui donne à monfieur l'archevêque, électeur de Treves, la collation des bénéfices dans les mois réfervés au pape. On juge par le titre combien ce *factum* peut être important & mérite d'être développé plus au long.

5 Août 1778. Les comédiens François ont enfin accordé les entrées à M. de Mauroy, autre def-cendant de Racine qui les follicitoit depuis quinze ans. Il eft allé les remercier à leur comité du mercredi, & a été émerveillé du cérémonial de la troupe. Arrivé à la porte, on lui a dit que les comédiens étoient affemblés pour déli-bérer, qu'on alloit les avertir, & on l'a prié d'attendre. Deux députés font venus le recevoir au bas de l'efcalier, l'ont introduit, & après les compliments réciproques, les mêmes députés l'ont reconduit où ils l'avoient pris.

6 Août 1778. Rien de plus curieux à voir que le défire des Parifiens en faveur du duc de Chartres, qui étoit fort mal dans leur efprit depuis l'aventure de madame la duchefle de Bour-bon. On a rendu compte de la maniere dont il avoit été accueilli le dimanche: avant de fe mon-trer à l'opéra, il fut obligé de paroître fur fon balcon avec madame la duchefle, & d'y recevoir les acclamations de tout le peuple.

Rendu à l'opéra, tout le monde fe leva, & il

fut applaudi pendant 20 minutes ; l'orcheftre fe joignit aux clameurs de l'affemblée en exécutant une fanfare triomphale. On avoit délibéré de lui préfenter une couronne, mais on n'ofa pas.

Le foir on exécuta un concert après fouper chez le prince, où mademoifelle Arnoux & Larrivée chanterent. La voix de la premiere ne répondit pas à fon zele, & elle fut huée. C'eft le fieur Moline qui avoit fait les vers préfentés à leurs alteffes, dans le ton de l'adulation la plus plate & la plus dégoûtante.

Le lundi la comédie Italienne, que le prince honora auffi de fa préfence, exécuta un petit compliment relatif à fon retour. Le foir les *Cracoviftes*, c'eft-à-dire, ces oififs qui fe raffemblent en foule au Palais-Royal fous l'arbre de Cracovie, & s'y entretiennent de nouvelles, dans leur reconnoiffance pour le héros qui leur fourniffoit une fi fimple matiere à differter, fe cottiferent ; ils firent venir de la mufique & exécuter un feu d'artifice. Les habitants des rues adjacentes avoient illuminé leurs fenêtres du Palais-Royal, & toute la populace eut la liberté d'entrer dans le jardin & même dans le palais.

Le mardi M. le duc de chartres fut encore recueillir un grain d'encens à l'opéra du fieur Larrivée, faifant le rôle de *Ricinier* dans *Ernelinde*, & mêmes folies dans le jardin jufqu'au départ de fon alteffe, qui a converti en deuil tant de réjouiffances.

Le duc & la ducheffe n'avoient pu fe refufer à fe promener dans la nuit du lundi, & parvenus fous les fenêtres de Mlle. Arnoux, cette

actrice voulut réparer fon honneur en les célé-
brant de nouveau par fon chant, & faifant des
effets de voix plus heureux.

7 Août 1778. Extrait d'une lettre de Touloufe, du 29 juillet. ... Un nommé Delpeche,
fils d'un chirurgien, fou & enfermé comme tel
dans une penfion bourgeoife, s'eft échappé fans
qu'on s'en apperçût : vêtu décemment, une
canne à la main, il eft entré dans la grand'chambre comme l'audience tenoit, il s'eft avancé au
milieu des magiftrats, & leur a dit : « je fuis
» Louis XVI ; vous êtes tous des ignorants,
» & je veux réformer vos arrêts. » L'abbé de
Barès, confeiller clerc, fe trouvant auprès de
cet infolent, a voulu le faifir, mais il lui a
alongé un coup de canne que l'abbé a été trop
heureux d'éviter ; la canne a frappé fur le bureau fi violemment qu'elle s'eft caffée. Le préfident de Senaux ayant eu la hardieffe d'appro-
cher du furieux, du bout de la canne reftée
aux mains de cet homme, a été frappé aux
tefticules & vivement bleffé ; grande rumeur,
on crie : « huiffiers, foldats, au fecours ! »
Enfin on arrête le quidam, on l'interroge,
on reconnoît fon état & qui il eft ; on le met
aux fers, & l'on doit lui faire fon procès d'interdiction & de *renfermement* pour le refte de
fes jours.

7 Août. Par une lettre du 30 juillet, datée
de Bruxelles, Me. Linguet annonce aux journaliftes de Paris que fes annales vont recommencer au 15 d'août, & qu'il rendra compte
de tout : fes partifans font comblés de joie &
fes ennemis tremblent.

8 Août 1778. Le mémoire pour l'archevêque

de Treves eft de Me. Camus , avocat. Il eft
intéreffant , & par le client qui eft un fouverain demandant juftice , & par le fond où
l'on agite des queftions relatives au droit des
nations.

L'archevêque de Treves , autorifé par le
traité de Fontainebleau , fait avec Louis XIV
le 12 octobre 1661 , & enrégiftré à Metz le 12
feptembre 1662 , en vertu des lettres-patentes
du 8 novembre 1661 , à choifir de concert avec
le roi des arbitres pour prononcer fur un point
qui touche immédiatement l'exercice de fa jurifdiction , n'en a point voulu d'autre que la cour
des pairs.

Les queftions principales que cet électeur
eccléfiaftique agite en préfence de cette cour
augufte , font au nombre de deux. Quel eft
la loi qui détermine l'exercice du pouvoir de
monfieur l'archevêque de Treves , quant à la
collation des bénéfices dans la partie de fon diocefe , fituée en France, qu'on nomme le comté
de Stenay ? Le jurifconfulte démontre que c'eft
le concordat Germanique.

Quelles font les conditions que l'on peut
exiger , d'après les principes du droit des
nations pour autorifer l'archevêque de Treves
à ufer dans le royaume des droits qui lui ont
été concédés par un indult , mais qui , fuivant
nos propres principes , fuivant les maximes
toujours cheres aux François , les principes des
libertés de notre églife , doivent être regardés
beaucoup plus comme une prérogative inhérente
à fon fiege , que comme un privilege accordé à
fa perfonne ? Me. Camus prouve encore que
l'indult du prélat doit être exécuté en France,

ſans aütre permiſſion que celle réſultant des traités de 1646 & 1661 , qu'il n'a pas beſoin d'enrégiſtrement , parce qu'il ne faut point décider par les principes des loix civiles , les choſes qui appartiennent au droit des gens ; & qu'en ſuppoſant même que cet enrégiſtrement fût néceſſaire , ce défaut de formalité pourroit tout au plus annüller l'indult , mais non le droit qui reſteroit entier ; que la collation ſeroit toujours valable , parce que le pacte acceſſoire au concordat , pacte qui donne à l'archevêque de Treves la collation des bénéfices dans les mois réſervés au pape , ſubſiſte toujours.

Tel eſt le réſumé de cet écrit très-ſavant , & donnant des notions curieuſes & étendues ſur le droit public d'Allemagne.

8 *Août* 1778. Entre les folies extraordinaires faites au retour du duc de Chartres & pendant ſon ſéjour , dans les trois ſoirées des dimanche , lundi & mardi , il ne faut pas omettre l'anecdote d'une petite farce à l'occaſion de l'amiral Keppel. On avoit habillé un mannequin déſigné pour figurer cet amiral ; on a chanté une complainte ſur ſa défaite en préſence de M. le duc & de madame la ducheſſe de chartres , on l'a traîné dans un tombereau ; & après l'avoir bien baffoué , on l'a jeté à l'eau dans le baſſin du jardin avec toutes les injures , les imprécations que ſe peut permettre dans ſa frénéſie la populace groſſiere. On a été ſurpris que leurs alteſſes autoriſaſſent chez elles un ſpectacle auſſi indécent.

9 *Août* 1778. La faculté de médecine eſt toujours dans des tranſes à l'occaſion de la ſociété royale de médecine , ſa rivale , dont le

crédit fe manifefte de plus en plus ; cependant
elle a remis fes réflexions fur les lettres-patentes qu'avoit obtenues cette derniere , entre les
mains de M. le garde-des-fceaux , & ne défefpere
pas de triompher , tant qu'elles refteront fans
enrégiftrement. Elle a encore reçu un défagrément
bien fenfible : elle fe propofoit de rendre un
décret comminatoire contre ceux de fes membres qui , par une lâche perfidie , abandonneroient fes intérêts & étoient entrés dans la fo-
ciéié royale ; il étoit queftion de les inviter à
rentrer dans fon fein , à peine d'une exclufion
abfolue. M. de Laffone a eu le crédit de prévenir ce coup par un arrêt du confeil fignifié
au doyen , qui lui défend de laiffer donner
fuite à la délibération fufdite. Du refte , il eft
défendu plus févérement que jamais à la faculté de rien faire imprimer de relatif à cette
querelle.

10 *Août* 1778. C'eft le lundi 17 que doit
s'ouvrir la *foire Saint-Laurent* , & la police a
en conféquence rendu une ordonnance concernant ce qui doit être obfervé pendant la tenue
de cette foire.

11 *Août* 1778. L'académie Françoife a décidément renvoyé l'élection du fucceffeur de monfieur
de Voltaire à un temps très-éloigné , c'eft-à-dire,
qu'elle n'aura guere lieu qu'au mois de novembre ou de décembre. Elle efpere d'ici là
avoir quelque fatisfaction fur le fervice qu'elle
defire faire faire pour le repos de l'ame de ce
grand homme : elle a député vers M. le comte
de Maurepas à cet effet , qui fans rien pro-
mettre de pofitif, a paru difpofé à s'y prêter
quand la premiere fermentation feroit paffée.

11 *Août* 1778. On regrettoit fort qu'un tableau sur bois de Valentin , représentant la naissance de la Vierge , qu'on voyoit aux jacobins de la rue Saint Jacques , fut dégradé au point d'être devenu méconnoissable.

Le sieur Dubuquoy s'est offert de le restaurer , ou plûot de détacher la peinture du bois pour la remettre sur toile ; de conserver exactement toutes les parties du dessin , & de faire revivre les couleurs ; ce qu'il a exécuté en moins de trois mois. On propose aux amateurs de l'aller voir , & d'admirer le talent de ce jeune artiste.

13 *Août* 1778. On a fait une gravure politique , caricature dans le goût Anglois , où le commerce de cette nation est représenté sous l'emblême d'une vache , dont un Bostonien scie les cornes ; un Hollandois joyeux dessous la traie ; un François en profite & remplit son vase de lait ; un Espagnol indécis semble en vouloir avoir quelque chose , mais dans un vase beaucoup plus petit. On voit dans la partie supérieure , à droite , la ville de Philadelphie ; un vaisseau (*l'aigle*) est dans le port , où il fait naufrage : ce qu'on remarque par ses manœuvres brisées , ses voiles déchirées , ses mâts rompus. Dans la ville les deux freres Howe sont à table , & dorment sans avoir aucun souci de leur flotte & de leur armée.

Plus bas est un Anglois dans la plus profonde tristesse : un dogue , qui désigne sans doute la force de la nouvelle république , attaque le lion désarmé & qui est sans vigueur pour se garantir de ses morsures , & s'en venger.

Il est surprenant que cette estampe , injurieuse

non-feulement aux Anglois, mais où l'Efpagne
joue un pietre rôle, fe vende ici publiquement,
& fans doute avec l'aveu du miniftere.

14 *Août* 1778. On a donné hier au théatre
lyrique pour quatrieme intermede qu'exécutent les
bouffons, *il curiofo indifcreto*, ou *le curieux indifcret*,
opéra bouffon en trois actes du fieur Pafcal An-
fofli. On a pu comparer la mufique avec celle
de Piccini, de Pergolefe & de Paéfiello.

15 *Août* 1778. On n'a pas manqué de plai-
fanter monfieur le duc de Chartres fur fes ex-
ploits maritimes, fur fon retour à Paris, fur
fon oftentation de fe montrer à l'opéra, & fur
la fotte admiration dont l'ont accueilli les badauds : ce vaudeville, un des meilleurs faits
depuis long-temps, où l'on retrouve le fel de
nos anciens & toute la gaieté Françoife, a été
fort accueilli à la ville & même à la cour :
on fait que M. le comte de Maurepas, qui aime
la raillerie & la fouffre, l'a goûté beaucoup & l'a
entendu chanter à fa table en petit comité. Il eft
fur un air très à la mode au retour du parlement,
les Revenants : en forte que cet air même fait
épigramme. L'auteur s'adreffe à fon alteffe fé-
réniffime :

Vous faites rentrer notre armée,
L'Angleterre, très-alarmée,
Vous en louera :
Et vous joindrez à ce fuffrage
Les lauriers & le digne hommage
De l'opéra.

Quoi ! vous avez vu la fumée ?
Quel prodige ! la renommée
Le publiera :

Revenez vîte, il eft bien jufte
D'offrir votre perfonne augufte
   A l'opéra.

Tel cherchant la toifon fameufe,
Jafon fur la mer oragëufe
   Se hafarda :
Il n'en eut qu'une, & pour vos peines
Je vous en promets deux douzaines
   A l'opéra.

Chers badauds , courez à la fête :
Parmi vous criez à tue-tête
   Bravo ! *Brava* !
Cette grande action de guerre
Eft telle qu'il ne s'en voit guere
   Qu'à l'opéra.

Grand prince , pourfuis ta carriere,
Franchis noblement la barriere
   De l'opéra :
Par de fi rares entreprifes
A jamais tu t'immortalifes
   A l'opéra.

15 *Août* 1778. L'arrêt intervenu fur partage
d'opinions le 10 mai 1777 , en accueillant la
fin de non-recevoir oppofée par les libraires ,
aux différentes demandes du fieur Luneau , l'a
placé dans la claffe des 4,000 foufcripteurs ou
environ de l'encyclopédie ; il a jugé que vo-
lontairement obligé à prendre pour 980 livres
un exemplaire complet de l'ouvrage, il s'efforçoit, contre toute raifon, de fe fouftraire à la loi
de fon engagement par des demandes en refti-

tution , auffi dénuées de fondement qu'inju-
rieufes.

Tel eft le début d'un nouveau mémoire de
libraires affociés à l'encyclopédie ayant pour
titre : *Dernier état des chefs à juger en inftance, &c.* ;
il eft de Me. Serpaud. Il reftoit à ftatuer fur
la demande des foufcripteurs intervenus & fur
les dépens , dommages & intérêts que le fieur
Luneau & les libraires demandoient refpective-
ment en réparation des calomnies dont ils s'ac-
cufoient : l'affaire , toujours à la grand'chambre , étoit cette fois au rapport de l'abbé de
Malezieu.

Les libraires , dans leur diatribe , prétendent
que les intervenants ne figurent dans la conteftation qu'à l'ombre des billets de garantie que
leur a donné le fieur Luneau. Ils lui reprochent
d'avoir répandu , un mois après l'arrêt de partage , une lettre datée du 13 juin , circulaire,
accompagnée d'un certificat à obtenir de la
bienveillance des foufcripteurs de province ,
contenant une multitude de griefs contre l'arrêt , une fortie odieufe fur l'intégrité & la vigilance du miniftere public , une déclamation
réchauffée des différents libelles diftribués depuis
huit ans par cet adverfaire infatigable dans fa
méchanceté. Ainfi , d'une part , étant démontré
que le fieur Luneau eft leur véritable & feul
adverfaire , ils ne doutent pas qu'ayant déja
fuccombé en fon nom , il ne fubiffe le même
fort en la perfonne de fes prête-noms ; & de
l'autre , ayant réfuté les calomnies de cet accu-
fateur par des éclairciffements fur les emballages & ports , fur les planches & fur tous les
détails de leur manipulation ; ils s'attendent à

la juſtice la plus complete & la plus glorieuſe.

Le paragraphe ſur les emballages eſt ce qu'il y a de plus curieux dans cet écrit : on y voit que l'encyclopédie de plus en plus mémorable par les orages qui l'aſſaillirent en 1759, conſerva des protecteurs également zélés & puiſſants, & que le gouvernement même en paroiſſant la proſcrire en favoriſe la continuation & le débit, mais avec un très-grand myſtere.

16 *Août* 1778. M. Luneau, toujours actif & courageux, ayant reçu le 7 août le mémoire des libraires, c'eſt-à-dire, peu de jours avant le jugement à intervenir, a ramaſſé ſes forces & a fait un mémoire en réponſe, où ramenant la cauſe à ſon point de vue actuel, ſavoir s'il a calomnié le ſieur le Breton, il prouve qu'il a été forcé de faire, de dire & d'écrire tout ce qu'il a fait, dit & écrit ; qu'ayant ſon propre honneur à venger, il ne pouvoit ſe laver qu'en dévoilant la turpitude de ſes adverſaires.

Malgré ſa vigoureuſe défenſe, M. Luneau a perdu la ſemaine derniere, il a été condamné aux dépens, &c. ainſi que les parties intervenantes déboutées de leurs prétentions.

17 *Août* 1778. La *complainte des Barmécides*, pantomime farce, a eu plus de ſuccès infiniment que la tragédie, malgré l'affectation de M. de la Harpe à regarder ſes 11 repréſentations comme un triomphe. Il a fait imprimer cette piece, & l'a dédiée à un certain comte de Schowalow, Ruſſe, qui avoit la bonhommie à chaque fois où la recette au deſſous de 800 livres menaçoit le poëte de voir les *barmécides* tomber dens les regles, d'envoyer un ſupplément qui prévînt ce malheur.

Quant

Quant à la complainte, c'eſt une critique
très-détaillée, très-juſte, très-exacte de la tragédie ſur laquelle elle eſt caiquée preſque ſcene
par ſcene. Il faut avouer qu'on a chargé la caricature d'une maniere bien méchante, qu'on
y couvre l'auteur d'un ridicule dont l'auroit dû
préſerver ſon titre de membre de l'académie
Françoiſe, & que depuis la comédie *des Philo-*
ſophes & celle de *l'Ecoſſoiſe*, on n'a pas vu au
théatre rien d'auſſi licentieux. La *Lanterne*
magique eſt pour déſeſpérer l'amour - propre le
plus aveugle & le plus imperturbable ; on y
fait paſſer en revue en tableaux les reconnoiſ-
ſances multipliées, les caracteres vicieux de
l'ouvrage; dans d'autres on y fait des additions,
des inepties, des mauvais vers, des penſées
fauſſes ; enfin dans les derniers, par des eſpe-
ces de quatrains, on tire à bout portant ſur l'auteur & même ſur ſon moral, qui n'eſt pas peint
en beau.

Le tout ſe termine par l'enterrement du fi's
d'*Aaron*, le ſeul mort de la tragédie, & par
celui de la tragédie même, ainſi que de tous les
inſtruments qui ont ſervi à la pantomime farce.
Une harpe y figure, & l'actrice qui la tient ne
voulant pas ſouffrir cette inſulte à ſon inſtru-
ment, il ſe briſe & l'on jette les fragments dans
la foſſe, d'où l'on ſouhaite qu'il ne reſſorte rien.
Requieſcat in pace.

17 *Août* 1778. Tandis qu'à Paris on perſiſle
M. le duc de Chartres ſur ſa prétendue victoire
remportée dans le combat naval d'Oueſſant,
nos ports retentiſſent de chanſons à ſa gloire &
à la gloire du miniſtre : en voici une faite à
Bordeaux par le fils d'un négociant nommé

Péricy ; elle eft fur l'air, c'eft la fille à Simo-
nette :

Ecoutéz bien la nouvelle
Que je vais vous raconter,
Le récit eft très-fidele,
Vous pouvez tous y compter ;
Il s'agit de notre gloire,
De valeur & de fuccès ;
Dès qu'on parle de victoire
Ça regarde les François.

D'Orvilliers hors de la Manche,
Arboroit depuis long-temps
Pavillon & flamme blanche
Entouré de brave gens.
Keppel paroît, on le pique ;
Animé par le dépit,
Il va comme un hérétique
Attaquer le Saint-Efprit.

Aifément on imagine
Qu'en voyant ce furibond,
Le Saint-Efprit l'illumine
D'une nouvelle façon ;
D'Orléans qui vient combattre
Faifant pointer fes canons,
Se bat comme un Henri-Quatre ;
C'eft l'ufage des Bourbons.

D'Orvilliers qui par-tout veille
Chauffe l'Anglois amiral,
Qui baiffe bientôt l'oreille
Devant l'affreux bacanal.

(75)

Que faire ? à quoi fe réfoudre ?
Il fe fauve au fil de l'eau,
Difant qu'il a vu la foudre
Embrafer tout fon vaiffeau.

Pourfuivant ce téméraire,
Nos trois braves généraux
Sur les côtes d'Angleterre
On fait briller leurs fanaux ;
Keppel, en rufe fertile,
A bientôt fu leur prouver
Qu'un marin vraiment habile
Sans fanaux peut fe fauver.

Sartine accourt de Verfailles,
La joie étoit dans fon cœur ;
Louis apprend la bataille
Avec le nom du vainqueur ;
Quel doux tranfport d'elégreffe
Produit cet exploit fameux !
Tout lui plaît, tout l'intéreffe
Dans fes fujets valeureux.

D'un avenir bien finiftre,
Je vois l'Anglois menacé ;
Laiffons faire ce miniftre,
Il a fi bien commencé !
Avant la fin de la guerre
Il fera, je le prédis,
La police en Angleterre,
Comme il l'a faite à Paris.

17 Août 1778. Mémoire pour le jeune comte
de Fabroni , comte perpétuel de l'empire of-

D 2

ficier au régiment de Lorraine infanterie ,
plaignant.

Contre le fieur Sagui , ci-devant officier au
même régiment , accufé.

Il s'agit dans cet écrit d'une des accufations
les plus affreufes pour un homme d'honneur ,
d'une accufation de vol. Des ménagements dont
on ne peut concevoir le motif , ont fait répandre
dans le récit du fait très-intéreffant une obfcurité
fur certains endroits, & des réticences qui défo-
lent à la lecture.

Cette affaire commence en 1774 ; elle a d'a-
bord été inftruite pardevant les officiers muni-
cipaux de la ville de Dunkerque , & eft pendante actuellement au confeil fupérieur d'Arras.

La tournure de ce mémoire à confulter le fait
connoître dans ce pays-ci : c'eft un Me. Jamme
avocat , qui , par une délibération du 17 juin,
eftime que le fieur de Fabroni eft complétement
juftifié du foupçon , aufli odieux qu'abfurde ,
hafardé contre fon honneur , & dans le fait &
dans le droit ; cependant il refte toujours décrété d'ajournement perfonnel, ce qui n'indi-
queroit pas que les juges viffent de même. Le
véritable auteur de ce mémoire eft M. de la
Dixmerie.

17 Août 1778. Il paroît une lettre imprimée
fort rare, d'un anonyme aux auteurs du Journal
de Paris. Elle eft datée du 13 juillet 1778 ;
elle roule fur la mort de Jean-Jacques Rouffeau ;
& en contient les particularités. L'écrivain
femble avoir pour but de réfuter tous les bruits
qui ont couru à l'occafion de cet événement
fingulier , & de juftifier le grand homme mis
mal-à-propos au rang des philofophes du jour,

c'eft à-dire, de ceux qui n'ont aucune raifon ni créance.

Certaines gens ne trouvent pas que le défenfeur ait rempli fon objet par les circonftances de l'accident de Jean-Jacques, par fes propress paroles, & le genre de douleurs dont il fe plaint, par la certitude qu'il a de fa fin prochaine; ils en inferent, au contraire, une fuite de preuves qu'il s'eft empoifonné, & ne peut être péri de l'apoplexie féreufe énoncée au procès-verbal.

A l'égard de fes propos, ces mêmes critiques eftiment qu'on pourroit très-aifément les regarder comme ceux d'un déifte, d'un matérialifte ou même d'un athée; ils y obfervent en outre un amour-propre exceffif, & bien contradiƈtoire avec la maniere dont Rouffeau parle de lui-même dans fa préface.

Ces réflexions cauftiques n'empêchent pas qu'il n'y ait beaucoup de naturel & d'onƈtion dans les phrafes entrecoupées du moribond caufant avec fa femme, & qu'on ne life avec attendriffement tout ce récit, quelque puéril & minutieux qu'il foit.

18 *Août* 1778. M. de Caze, fils du fermier-général, eft un jeune maître des requêtes, amoureux fou de Mlle. Le Fevre, aƈtrice des Italiens, femme du fieur Dugazon de la comédie Françoife. Pour mieux couvrir fon jeu, jouir plus à fon aife de l'une, il avoit préfenté l'autre chez fon pere. On fait que cet aƈteur eft grand farceur, même en fociété, & le jeune magiftrat & lui faifoient fouvent des parades pour amufer la compagnie & les maîtres de la maifon. On ne fait comment le fieur

Dugazon s'eft douté des motifs de fon introduction dans cette famille & du bon accueil qu'il y recevoit. La jaloufie s'eft emparée de lui, & pour avoir une preuve complete de l'infidélité de fa moitié, un matin il s'eft introduit dans l'appartement du jeune Caze, a fermé les portes, &, le piftolet fur la gorge, l'a forcé de lui rendre les lettres & le portrait de mademoifelle le Fevre. Il s'en eft allé après cette expédition. M. Caze, revenu de fa frayeur & le fuivant fur l'efcalier, criant à l'affaffin ! au voleur ! qu'on arrête ce coquin !... Dugazon, fans s'effaroucher, ni fans précipiter fon pas, répond avec un grand fang froid, *à merveille*, *bien joué*, *la fcene eft excellente ; les domeftiques y feroient pris s'ils n'étoient accoutumés à nos farces....* Avec ces propos il gagne la porte, & laiffe les valets incertains fi c'eft une comédie ou non.

Il y a quelques jours qu'après la comédie Italienne, M. Caze fe trouvant fur le théatre, Dugazon l'apperçoit, laiffe s'écouler la foule, & dans un moment où perfonne ne le regardoit, il applique *prefto* un ou deux coups de canne fur les épaules du maître des requêtes, puis fe remet en pofture: M. Caze fe retourne, voit fon rival, fait des menaces ; on ne fait ce que cela veut dire ; on approche, Dugazon, fans fe déconcerter, lui demande qu'il s'explique, fi c'eft une parade qu'il veut jouer encore ? Le magiftrat perdant la tête de rage, lui répond qu'il eft un affaffin qui vient de lui donner des coups de canne. L'acteur le perfifle, prétend que cela n'eft pas poffible, qu'un hiftrion comme lui n'auroit jamais cette effronterie ; bref,

n'y ayant pas de témoins , cela n'a pas d'autres
fuites. Jufqu'à préfent il n'y a guere de quoi
rire : mais ce qu'on ne pardonne pas au fieur
Dugazon , c'eft que s'enhardiffant du fuccès de
fon rôle dans les deux pofitions critiques où il
s'étoit trouvé , & de l'imbécillité du robin , il
s'eft vanté du tout, & pincipalement des coups
de canne dans différents foupers , & en préfence
de beaucoup de fpectateurs. Cela révolte les honnêtes gens , & l'on voudroit que le fieur Dugazon fût puni.

18 *Août* 1778. La foire St. Laurent s'eft ouverte hier avec toute la folemnité qu'exigeoit fa
longue clôture. Le fieur l'Eclufe s'y eft fignalé
par fon fpectacle , où M. le lieutenant de police a affifté , & a recueilli la dofe d'encens que
lui devoit ce directeur.

19 *Août* 1778. *Elifabeth Lefcop* , condamnée
à mort à Rennes par jugement rendu le 30
juin 1774, au rapport de meffire Durofcouet ,
commiffaire pour l'exécution de ce même jugement, confeillée par l'exécuteur, déclara qu'elle
fe croyoit enceinte : on fut obligé de furfeoir,
& profitant de cet intervalle elle obtint des
lettres-patentes qui renvoyerent au parlement de
Rennes la revifion de fon procès , dont il ré-
fulta fon renvoi hors d'accufation, par arrêt du
15 juillet 1777.

Par le même arrêt du parlement , faifant droit
fur les conclufions du procureur - général , or-
donna que le fieur Durofcouet fût ajourné à com-
paroir en perfonne. Sa contumace néceffita une
converfion en décret de prife-de-corps ; & cette
affaire eft encore pendante au parlement.

Elifabeth Lefcop reproche à ce magiftrat de

D 4

s'être refusé à recevoir le teftament de mort de
deux des accufés , qui , condamnés à périr &
prêts à être exécutés , après leur confeffion
avoient fait des déclarations à la décharge de la
plaignante , & même de Marie Lefcop fa fœur,
condamnée avec eux , à fon rapport ; qu'ils
l'avoient conjuré , preffé de faire rédiger ces déclarations facrées pour la décharge de leurs propre confcience , & qu'il s'y étoit refufé durement ,
obftinément , &c.

On voit le récit de ce fait atroce dans une
confultation du 23 juin 1777 , figné *Legouvé ,
Maultrot , Du Ponchel , Hutteau* ; & l'on attend la juftification annoncée du fieur Durofcouet. Il eft bien à fouhaiter qu'on faffe un
exemple éclatant de ce magiftrat prévaricateur.

20 *Août* 1778. Il court dans le monde fur
l'affaire des fieurs de Queyffat deux lettres bien
finguliéres , l'une du maréchal de Broglie au
garde-des-fceaux , en date du 24 juillet , &
l'autre *réponfe du garde-des-fceaux au maréchal,*
datée du 27.

Par la premiere le maréchal s'intéreffant vivement aux trois freres , dont l'un lui a , dit-
on, fauvé la vie , témoigne fa douleur au chef
fuprême de la juftice fur leur fort , & le confulte
pour favoir fi l'arrêt du parlement , n'ayant pu être
caffé au confeil , déshonore les coupables aux
yeux de la loi ?

M. de Miromefnil décide affirmativement que
non , & croit que les fieurs de Queyffat fe trouvent ainfi blanchis par fa décifion. Le réfultat,
au contraire , de ces deux épîtres eft de jeter
beaucoup de ridicule fur le maréchal & le garde-
des-fceaux , qui malgré leur dignité & leur zele

ne peuvent commander à l'opinion publique : on a affecté de les consigner dans le *Journal de Paris* , & sans doute elles seront insérées dans les autres gazettes & écrits périodiques.

21 *Août* 1778. On prétend que la reine a singuliérement annoncé au roi la certitude de sa grossesse, " Sire , lui a-t-elle dit , je „ viens vous demander justice contre un de vos „ sujets qui m'a violemment insultée „ ... Le roi , ému du ton sérieux de sa majesté , s'est empressé de la faire expliquer : « oui , sire, a-t-elle continué, » il s'en est trouvé un assez » audacieux , le dirai-je? pour me donner des » coups de pieds dans le ventre. » Alors son auguste époux a compris le calembour , & en a ri de bon cœur.

Quoi qu'il en soit , voici des vers composés à ce sujet :

Avec trop de lenteur s'annonçoit à nos vœux
L'auguste rejeton que nous donnent les cieux ;
    Mais le récit d'une victoire
    A paru l'animer soudain ;
    N'en doutons pas c'est un dauphin :
Dès l'instant qu'il respire , un Bourbon sent la gloire.

21 *Août*. Le parlement s'occupe toujours de l'affaire des protestants. M. Dionis Duséjour & M. d'Éprémesnil sont les plus ardents à sa poursuite. On connoît le zele du dernier, contre lequel sa compagnie est en garde ; quant à l'autre , c'est un philosophe froid sur toutes les matieres publiques ; en sorte que ses confreres ont été surpris de le voir prendre feu en cette occasion ; & comme il passe pour un homme

peu croyant, le parti janféniste n'eft pas moins difpofé à le contrarier. Il n'y a pas d'apparence que les comités qui fe tiennent à ce fujet chez le premier préfident, concluent rien avant les vacances. En attendant on a fait répandre dans le public une brochure compofée dans l'efprit qui dirige aujourd'hui le gouvernement. Elle a pour titre : *Dialogue fur l'état civil des proteftans en France*, & ne fe vend que fourdement, pour ne pas trop fcandalifer noffeigneurs du clergé, contre lefquels elle eft fpécialement dirigée.

21 *Août* 1778 Les nouveaux arêts du confeil du 30 août dernier, concernant la librairie, reftent en vigueur malgré les réclamations fans nombre auxquelles ils ont donné lieu. On voit même un arrét du confeil du 30 juillet, où le légiflateur s'applaudiffant du fuffrage de l'académie Françoife dans fes réflexions préfentées à ce fujet, a égard à quelques-unes des objections de cette compagnie, & interprete en conféquence certains articles.

Un nommé Alemand, libraire de Marfeille, ayant manqué à un infpecteur de la librairie, fa majefté l'a interdit de fes fonctions pour punition, par arét du confeil du 1 août.

En un mot, M. le Camus de Neville foutient M. le garde-des-fceaux de fon mieux, & l'excite à tenir ferme & à ufer de la plus grande rigueur.

Cependant un nouvel orage s'éleve, & l'on voit deux mémoires, l'un du fieur Paucton contre la dame veuve Defaint libraire, & un précis de celle-ci en réponfe, par lefquels on juge que les tribunaux vont s'occuper de ces arêts,

qui n'étant point revêtus de lettres-patentes ,
vraisemblablement en seront rejetés.

22 *Août* 1769. Voici les couplets que la troupe
des associés a fait chanter à l'ouverture de son
théatre , pour célébrer le lieutenant-général de
police qui l'installoit.

I. COUPLET.

La foire personnifiée chante :

Je revois la clarté du jour ,
Et mon cœur se rouvre à l'amour.
Affreuse léthargie !
Je brave ton pouvoir :
Ne crois pas que j'oublie
Le Noir ; vive le Noir !

II. COUPLET.

Mont-d'Or, l'un des acteurs de la piece d'ouverture.

Thémis protege nos essais.
Amis , soyons sûrs du succès ;
Nanteuil (1) daigne y sourire.
Pour nous quel doux espoir !
Ne cessons de redire ,
Vive , vive le Noir !

III. COUPLET.

Le Charbonnier , idem.

Le feu qui nous brûle en ce jour
Vaut mieux que stila de l'Amour ;

---

(1) Le gendre de M. le Noir.

Si la reconnoiſſance
Devient nos premier devoirs,
Le cœur fait dire d'avance
Vive, vive le Noir!

IV. COUPLET.

La Poiſſarde, idem.

Des ribans que j'aimons le mieux
Pour nous parer ſont d'ribans bleus.
Si Jerom' veut me plaire,
Si Jerom' veut m'avoir,
Je voulons qu'il préfere
Les Noirs, vive le Noir!

V. COUPLET.

Deuzieme Poiſſarde.

Je n'oublirons jamais que c'eſt l'y
Qui nous a fait r'venir ici:
Le portrait de ſa reſſemblance
Cheux nous voulons l'avoir,
J'ons dans le cœur ſa préſence,
Vive, vive le Noir!

22 *Août* 1778. M. Luneau a profité de l'occaſion de publier ſon mémoire pour répandre en
même temps, ſous prétexte d'addition aux pieces
juſtificatives, *Mémoire ſur une ſociété typographique qu'on pourroit établir à Paris, laquelle ſe chargeroit de faire imprimer, pour le
compte ſeulement des gens de lettres, les ouvrages qui mériteroient cette diſtinction, & qui
conſacreroit enſuite à leur bien-être le produit*

tout entier qu'on retireroit du débit de ces im-
preſſions.

Le projet eſt fort ſimple & avantageux à tout
le monde.

1°. M. Luneau poſe pour principe que la vente
d'un livre produit preſque toujours le double
des avances de l'impreſſion , c'eſt-à-dire , cent
pour cent.

2°. C'eſt ſur ce gain que la compagnie , après
s'être rembourſée de ſes frais , de ſes intéréts
& d'un dividende en ſus qu'il eſtime à trois
pour cent , donneroit un tiers du bénéfice reſ-
tant à chaque auteur , & placeroit les deux autres
tiers en contrats.

3°. L'homme de lettres qui auroit donné lieu
à une pareille conſtitution , en jouiroit durant
ſa vie.

4°. On préleveroit ſur la totalité de la maſſe
de ces rentes , un dixieme deſtiné à faire des
penſions aux jeunes littérateurs , dont les talents
prématurés mériteroient des ſecours.

5°. Le protecteur de cet établiſſement diſpo-
feroit de toutes les rentes vacantes par la mort
de ceux qui en auroient joui , en faveur des
perſonnes qui auroient bien mérité de la république des lettres , même des femmes & enfants
des auteurs morts dans l'indigence.

6°. Nulle gêne à cet égard ; les gens de
lettres qui préféreroient de faire imprimer &
débiter par eux - mêmes , le pourroient comme
de coutume.

7°. Il découleroit de cette inſtitution une
quantité d'avantages pour la perfection des lettres , que la réflexion fait ſentir & qui ſeroient
trop longs à diſcuter ici.

8°. Enfin , il répond à cette objection misé-
rable , *ce projet ruinera les libraires* : il affure
que les libraires feront toujours ce qu'ils ont
été , les organes matérie's deftinés à tranfmettre
au public les richeffes de la république des lettres , foit par l'impreffion , foit par la vente,
qui leur refteront affectés.

On ne peut nier que ce *Profpectus* , qui pourroit être encore plus clair & mieux rédigé , ne
foit féduifant & propre à affecter un chef de
la librairie , comme M. *le Camus de Neville* ,
jeune magiftrat , plein d'ardeur & ami des nouveautés capables de l'illuftrer dans fon département.

22 *Août* 1778. Le fieur Paucton eft auteur d'un
ouvrage intitulé : *Métropologie* , *où traité des
mefures* , *poids & monnoies de l'antiquité &
d'aujourd'hui.* Il s'eft arrangé avec la veuve
Defaint , & lui a cédé la propriété de fon ma-
nufcrit faifant un volume in4°. , moyennant
une fomme de 1,200 livres payables à certaines
époques.

Le traité eft du 13 feptembre 1777. L'arrêt du
confeil fur la durée des privileges en librairie ,
quoique daté du 30 août précédent , n'a été
connu des libraires & du public que le 22 octobre fuivant , jour où il fut apporté par mônfieur
le lieutenant de police à la chambre fyndicale ,
& tranfcrit en fa préfence fur les regiftres de
cette chambre.

Le fieur Paucton fe prévalant de fon traité
toujours valable aux yeux de la loi , puifque
l'arrêt du confeil n'eft pas enrégiftré , en pour-
fuit l'exécution au préfidial ; la dame Defaint
s'appuyant au contraire de l'arrêt du confeil ,

demande que le ſieur Paucton ſoit débouté aux
offres qu'elle fait de remplir ſon engagement, *
*auſſi-tôt qu'on lui aſſurera une propriété libre,
perpétuelle & incommutable , telle que celle qui
fait la baſe dudit traité*

En conſéquence Me. Agier , avocat du ſieur
Paucton , déclame violemment , à l'occaſion de
cet arrêt , & répete tous les arguments ſpécieux
qu'on a déja fait valoir contre un acte de deſpo-
tiſme auſſi marqué.

Me. Camus , l'avocat de la veuve Deſaint ,
ſe réduit à un dilemme bien ſimple : ou le ſieur
Paucton a promis ce qui n'étoit pas en ſon pouvoir , & en ce cas le traité eſt nul ; ou il fera
juger qu'il a faculté d'exécuter l'engagement
qu'il a contracté , & c'eſt ce que demande uniquement ſa cliente.

Cette cauſe bien propre à jeter du ridicule ,
de l'odieux & du mépris ſur l'ouvrage de M. le
Camus de Neville le déterminera ſans doute
à engager M. le garde-des-ſceaux à ne point la
laiſſer à la déciſion des juges ordinaires & à la
faire évoquer au conſeil.

23 *Août* 1778. Il s'éleve de toutes parts de
petits ſpectacles dans les environs de Paris,
comme pour entretenir l'oiſiveté du peuple &
fomenter la corruption des mœurs ; car , quoiqu'en aient dit les défenſeurs du théatre , c'eſt
l'effet qu'il produit ſur-tout dans le genre en
queſtion. M Bertin , tréſorier des parties caſuel-
les , favoriſe une troupe de petits enfants qui
s'eſt inſtallée dans une ſalle nouvellement conſ-
truite vis-à-vis du château de la Muette , dans
le bois de Boulogne , & elle fleurit ſous les auſpices de ce créſus , qui ſe mêle auſſi de littéra-

rure. Ils donnent des nouveautés & ont des
poëtes à leurs gages : ils jouent même des pieces
du théatre François, & ont derniérement exécuté
Nanine.

24 *Août* 1778. Le préfidial n'ayant point été
arrêté par le conseil dans l'affaire du sieur Paucton contre la dame Desain, a jugé comme on
l'avoit prévu, & sans aucun égard à l'arrêt du
conseil, a conservé la propriété de la femme
libraire dans toute l'intégrité qu'elle exigeoit.

On assure que M. le Camus de Neville est
furieux, & a dit qu'il apprendroit à ces petits
juges du châtelet à respecter un arrêt du conseil.

24 *Août*. M. l'abbé de Luberfac, dont l'i-
magination travaille sans cesse à inventer des
monuments de gloire à élever aux souverains, a
composé un dessin en l'honneur de *Catherine II*,
impératrice de toutes les Russies ; il représente
une place publique & un trophée magnifique.
Ce dessin colorié a été exécuté par le sieur
Preud homme, peintre d'histoire. On le voit à
la bibliotheque du roi.

24 *Août*. Comme le concert ordinaire des
Tuileries en l'honneur de la fête du roi ne
doit avoir lieu que le jour de saint Louis, qui est
en même temps un jour d'opéra, il doit y en
avoir un aujourd'hui au Luxembourg pour *mon-*
sieur. Ce sera une sorte d'inauguration de ce
palais, une prise de possession publique qu'en
fara cette altesse royale.

25 *Août* 1778. Aujourd'hui à la féance publique de la saint Louis pour la diftribution du prix,
on a répandu dans l'auditoire une épitaphe de
M. de Voitaire, dont le buste placé au-dessus
du directeur, & le seul qui soit dans la salle,

sembloit le rendre le dieu de l'affemblée, propofé à fes hommages. Cette épitaphe eft attribuée à M. de la Place :

O Parnaffe , frémis de douleur & d'effroi !

Mufes , abandonnez vos lyres immortelles :

Toi dont il fatigua les cent voix & les ailes

Dis que Voltaire eft mort , pleure & repofe-toi !

Le bufte dont il s'agit , eft celui exécuté par M. Houdon peu de temps avant la mort de l'académicien ; il eft d'une grande vérité.

Une innovation non moins extraordinaire & qui doit faire frémir le clergé , c'eft que l'académie , dérogeant cette année au réglement par lequel elle avoit arrêté de propofer déformais aux candidats , pour fujet du prix de poéfie , quelques morceaux d'Homere à traduire , a choifi un nouveau fujet : c'eft *un ouvrage en vers à la louange de M. de Voltaire*. Elle laiffe le genre du poëme , & la mefure des vers à l'option des auteurs ; elle defire que la piece n'excede pas deux cents vers.

Le prix devroit être , fuivant l'ufage , une médaille d'or de la valeur de 500 livres , pour le rendre plus confidérable & plus digne du fujet. Un ami de M. de Voltaire a prié l'académie d'accepter une fomme de 600 livres , qui , jointe à la valeur du prix , fera une médaille d'or de 1,100 livres.

Non content de cette apothéofe littéraire, M. d'Alembert, dans le courant de *l'Eloge de Cré-billon*, en parlant de la velléité inftantanée du gouvernement de faire ériger un monument à ce grand tragique , a pris occafion de l'anec-

dote pour ramener monfieur de Voltaire ; il a
prédit qu'un jour, fans doute, ce même gouvernement auroit une volonté plus ferme envers
un génie qui fait beaucoup plus d'honneur à la
nation, non-feulement dans le même genre,
mais dans quantité d'autres ; il a dit que déja
les étrangers en donnoient l'exemple à la France.
Que l'académie ne pouvoit que hâter le moment par fes vœux & fes follicitations, & fe
borner à reproduire fa foible image aux fpectateurs ; il s'eft en même temps retourné vers le
bufte, le mouchoir à la main & les larmes aux
yeux, & l'enthoufiafme général, qui s'étoit déja
manifefté à l'annonce du prix, & toutes les fois
qu'on avoit nommé monfieur de Voltaire, a
redoublé, & tout le monde a battu des mains,
pleuré, fangloté.

Le fujet du prix propofé, ce bufte exalté, &
toute la fcene jouée par M. d'Alembert, con-
certée entre les académiciens de fon parti, n'a-
voient pas été approuvés de tous, & l'on a jugé
que les prélats & autres membres du clergé continuoient à faire fchifme fur ce point, en ce
qu'aucun ne s'eft trouvé à la féance.

On prétend, au furplus, que l'impératrice
des Ruffies, qui honoroit M. de Voltaire du
commerce le plus intime, fe propofe en effet
de lui faire dreffer un maufolée dans fes états.

26 Août 1778. Copie de la lettre écrite par
l'évêque de Troyes au prieur de Scellieres.

« Je viens d'apprendre, Monfieur, que la
famille de monfieur de Voltaire, qui eft mort
depuis quelques jours, s'étoit décidée à faire
tranfporter fon corps à votre abbaye pour y être
enterré, & cela parce que le curé de St. Sulpice

leur avoit déclaré qu'il ne vouloit pas l'enterrer en terre fainte.

Je defire fort que vous n'ayez pas encore procédé à cet enterrement ; ce qui pourroit avoir des fuites fâcheufes pour vous : & fi l'inhumation n'eſt pas faite , comme je l'efpere , vous n'avez qu'à déclarer que vous n'y pouvez procéder fans avoir des ordres exprès de ma part.

J'ai l'honneur d'être bien fincérement, Monfieur , votre très-humble & très-obéiſſant ſerviteur † Evêque de Troyes.

27 Août 1778. *Réponſe du Prieur.*

A Scellieres , 3 juin.

Je reçois dans l'inſtant , Monſeigneur à trois heures après midi , avec la plus grande furprife . la lettre que vous m'avez fait l'honneur de m'écrire en date du jour d'hier 2 juin : il y a maintenant plus de ı4 heures que l'inhumation du corps de monfieur de Voltaire eſt faite dans notre églife, en préfence d'un peuple nombreux. Permettez moi , Monſeigneur , de vous faire le récit de cet événement , avant que j'ofe vous préfenter mes réflexions.

Dimanche au foir 31 mai , M. l'abbé Mignot confeiller au grand-confeil, notre abbé commandataire, qui tient à loyer un appartement dans l'intérieur de notre monaſtere, parce que fon abbatiale n'eſt pas habitable , arrive en poſte pour occuper cet appartement. Il me dit après les premiers complimens, qu'il avoit eu le malheur de perdre monfieur de Voltaire fon oncle , que ce monfieur avoit defiré dans fes derniers momens d'être porté après fa mort à fa terre

de Ferney ; mais que le corps qui n'avoit pas
été enfeveli , quoiqu'embaumé , ne feroit pas
en état de faire un voyage auffi long ; qu'il dé-
firoit, ainfi que fa famille , que nous vouluf-
fions bien recevoir le corps en dépôt dans le
caveau de notre églife ; que ce corps étoit en
marche accompagné de trois parents , qui arri-
veroient bientôt. Auffitôt M. l'abbé m'exhiba un
confentement de M. le curé de faint Sulpice ,
figné de ce pafteur, pour que le corps de monfieur
de Voltaire pût être tranfporté fans cérémonie ;
il m'exhiba en outre une copie collationnée par
ce même curé de faint Sulpice, d'une profeffion
de la foi catholique , apoftolique & romaine , que
monfieur de Voltaire a faite entre les mains
d'un prêtre approuvé , en préfence de deux témoins, dont l'un eft monfieur Mignot, notre
abbé , neveu du pénitent, & l'autre un monfieur
le marquis de la Villevieille. Il me montra en
outre une lettre du miniftre de Paris , monfieur
Amelot, adreffée à lui & à monfieur de Dampierre d'Hornoy , neveu de M. l'abbé Mignot
& petit-neveu du défunt , par laquelle ces
meffieurs étoient autorifés à tranfporter leur
oncle à Ferney ou ailleurs. D'après ces pieces
qui m'ont paru & qui me paroiffent encore au-
thentiques , j'aurois cru manquer au devoir de
pafteur fi j'avois refufé les fecours fpirituels dus
à tout chrétien, & fur-tout à l'oncle du magiftrat qui eft depuis 23 ans abbé de cette abbaye , & que nous avons beaucoup de raifons
de confidérer. Il ne m'eft pas venu dans la
penfée que M. le curé de faint Sulpice ait pu
refufer la fépulture à un homme dont il avoit
légalifé la profeffion de foi , faite tout au plus

fix femaines avant fon décès , & dont il avoit
permis le tranfport tout récemment au moment
de fa mort: d'ailleurs , je ne favois pas qu'on
pût refufer la fépulture à un homme quelconque mort dans le corps de l'églife , & j'avoue
que , felon mes foibles lumieres , je ne crois pas
encore que cela foit poffible. J'ai préparé en
hâte tout ce qui étoit néceffaire. Le lendemain
matin font arrivés dans la cour de l'abbaye
deux carroffes , dont l'un contenoit le corps
du défunt , & l'autre étoit occupé par M. d'Hornoy , confeiller au parlement de Paris , petit-
neveu ; par M. Marchand de Varennes , maître-d'hôtel du roi , & M. de la Houilliere ,
brigadier des armées, tous deux coufins du défunt. Après-midi , M. l'abbé Mignot m'a fait
à l'églife la préfentation folemnelle du corps
de fon oncle , qu'on avoit dépofé ; nous avons
chantés les vêpres des morts ; le corps a été
gardé toute la nuit dans l'églife , environné de
flambeaux. Le matin depuis cinq heures tous
les eccléfiaftiques des environs , dont plufieurs
font amis de M. l'abbé Mignot , ayant été autrefois féminarifte à Troyes , ont dit la meffe
en préfence du corps, & j'ai célébré une meffe
folemnelle à onze heures avant l'inhumation ,
qui a été faite devant une nombreufe affemblée. La famille de M. de Voltaire eft repartie
ce matin , contente des honneurs rendus à fa
mémoire, & des prieres que nous avons faites
à Dieu pour le repos de fon ame. Voilà les faits ,
Monfeigneur , dans la plus exacte vérité. Permettez , quoique nos maifons ne foient pas
foumifes à la jurifdiction de l'ordinaire , de
juftifier ma conduite aux yeux de votre gran-

deur : quels que foient les privileges d'un ordre, fes membres doivent toujours fe faire gloire de refpecter l'épifcopat, & fe font honneur de foumettre leurs démarches, ainfi que leurs mœurs, à l'examen de noffeigneurs les évêques ; comment pouvois-je fuppofer qu'on refufoit, ou qu'on pouvoit refufer à M. de Voltaire la fépulture qui m'étoit demandée par fon neveu, notre abbé commandataire depuis 23 ans, magiftrat depuis 30 ans, eccléfiaftique qui a beaucoup vécu dans cette abbaye, & qui jouit d'une grande confidération dans notre ordre ; par un confeiller au parlement de Paris, petit-neveu du défunt ; par des officiers d'un grade fupérieur, tous parents & tous gens refpectables ? Sous quel prétexte aurois-je pu croire que monfieur de Saint Sulpice eût refufé la fépulture à monfieur de Voltaire, tandis que ce pafteur a légalifé de fa propre main une profeffion de foi faite par le défunt, il n'y a que deux mois, tandis qu'il a écrit & figné de fa propre main un confentement que ce corps fût tranfporté fans cérémonies ? Je ne fais ce qu'on impute à monfieur de Voltaire ; je connois plus fes ouvrages par fa réputation qu'autrement ; je ne les ai pas lu tous ; j'ai oui dire a monfieur fon neveu, notre abbé, qu'on lui en imputoit de très-repréhenfibles, qu'il avoit toujours défavoués : mais je fais d'après les canons qu'on ne refufe la fépulture qu'aux excommuniés, *latâ fententiâ*, & je crois être fûr que monfieur de Voltaire n'eft pas dans le cas. Je crois avoir fait mon devoir en l'inhumant, fur la requifition d'une famille refpectable, & je ne puis m'en repentir. J'efpere, Monfeigneur, que

cette action n'aura pas pour moi des suites fâcheufes ; la plus fâcheufe , fans doute , feroit de
perdre votre eftime ; mais d'après l'explication
que j'ai l'honneur de faire à votre grandeur , elle
eft trop jufte pour me la refufer.

Je fuis avec un profond refpect , &c.

28 *Août* 1778. M. Lœuillard , jeune homme
qui n'a pas encore dix-neuf ans , eft celui dont
la piece a été la plus goûtée de l'académie ; le
directeur a déclaré que fi tout fon ouvrage avoit
été foutenu comme la fin , il auroit eu le prix.
Il eft à remarquer que c'eft un Américain , &
qu'il eft peut-être le premier qui foit entré dans
une pareille lice.

M. de Murville a eu le fecond rang , & M. le
chevalier de Langeac le troifieme.

On a fait mention avec éloge des trois autres
pieces , dont une de M. le marquis de Villette.

28 *Août*. On a commencé depuis peu à découvrir la chapelle de la vierge à faint Sulpice,
& les amateurs s'empreffent d'aller voir ce beau
morceau. On fait que le plafond en a été peint à
frefque par le Moine.

29 *Août* 1778. Le premier numéro de la fuite
des annales de Me. Linguet a enfin paru , à
la grande fatisfaction de fes amateurs & au
rand regret de fes ennemis. On y a d'abord
remarqué une épître dédicatoire au roi , qui eft
la quatrieme à S. M. ; mais celle-ci enchériffant
fur les autres , eft d'une longueur exceffive , &
telle que monarque n'en a jamais lu , ni reçu.
L'auteur a cru , fans doute , que l'importance de
la matiere méritoit cette exception , car il y parle
beaucoup de lui

Suit un avertiffement trois ou quatre fois

plus long, enfin quelques pages de faits & de nouvelles.

Par une bizarrerie qui accompagne par-tout la deftinée de ce célebre fugitif, on juge à fa façon de s'expliquer fur le lieu où il recommence fon ouvrage, qu'il n'eft pas encore bien fûr d'y refter. Comme il parle de tout cela avec beaucoup d'ambiguité, il faut y suppléer par ce qu'on a recueilli de fes lettres particulieres.

Il n'a point pu prendre pied ni à Laufanne, ni à Neuchatel, ni à Geneve, ni en aucun endroit des contrées voifines, parce que par-tout on a defiré lui donner un cenfeur, dont il n'a pas voulu.

Il a donc traverfé la France de nouveau & à imaginé de s'établir à Bruxelles; il a été très-accueilli du prince Charles, qui a foufcrit pour quinze exemplaires de fes feuilles, & a engagé toute fa cour à en faire autant; mais il a trouvé encore des contrariétés pour fe fixer ouvertement dans cette ville; il a été réduit à s'établir dans un petit village auprès d'Oftende, où il a monté fon imprimerie. Le fingulier, c'eft qu'avec tout cet appareil il prétend pouvoir refter caché, & dérober à fes ennemis le lieu de fa retraite.

On a par quelques phrafes de fa feuille la confirmation de fon rapprochement des miniftres, qu'il n'ofe encore exalter ouvertement & *nominatim*, mais qu'il commence à célébrer & à aduler fous le mot générique de gouvernement. On juge que ce n'eft que par un refte de honte de part & d'autre, qu'il n'a pas une tolérance ouverte. D'ailleurs, fans doute, on
veut

veut éprouver s'il est capable de résipiscence.
Mais s'il a fait la paix avec les ministres, il est
toujours en guerre ouverte avec les encyclo-
pédistes, les économistes , les d'Alembert, les
Marmontel, les Morellet, les la Harpe, &
beaucoup d'autres ; M. le marquis de Villette
commence à recueillir sa part de ses injures , &
sans doute ce n'est pas pour la derniere fois.

28 *Août* 1778. Malgré le succès prétendu de
monsieur de la Harpe, succès dont lui seul parle
& que lui seul certifie , on cite un fait bien propre à le réfuter & bien désolant, c'est que les
onze représentations de sa tragédie n'ont produit
qu'environ 14,000 livres de recette ; c'est que
l'avant-derniere représentation n'a pas monté
à 800 livres & la derniere à 900 livres ; c'est que
le parterre n'étoit garni que de ses partisans, qu'on
appelloit *les peres du désert.*

31 *Août* 1778. Le *Dialogue sur l'état civil des*
Protestants en France, se passe entre un président
du parlement , un conseiller d'état & le curé
de Saint......... Par un arrangement assez bizarre
c'est le curé qui défend la cause des religion-
naires, & soutient que la réhabilitation des
protestants dans le corps civil, loin de pré-
judicier aux intérêts de l'église & de l'état,
ne pourroit que contribuer à la gloire de l'une
& au bien de l'autre ; le Magistrat , au contraire , veut que ce soit un paradoxe insou-
tenable, capable de révolter tout François qui
sait l'histoire, & d'indigner tout catholique qui
sait son catéchisme ; que l'assertion du pasteur
est [sur-tout dans la bouche d'un prêtre]
une erreur grossiere en fait de politique.

Tom. XII   E

& un blafphême en fait de religion , en ce que la paix du royaume ne pourroit fubfifter avec des citoyens proteftants , & le fcandale feroit trop monftrueux de marier des hérétiques fans facrement

Le membre du confeil joue fon rôle en pefant de part & d'autre les raifons & en les conciliant par une diftinction , favoir , qu'il ne s'agit pas que les proteftants du quinzieme ou feizieme fiecle , mais de ceux du dix-huitieme , décide enfin que ce qui auroit été dangereux à l'égard des premiers feroit très-falutaire à l'égard des feconds.

31 *Août* 1778. Depuis long-temps on parloit dans ce pays-ci de deux nouveaux volumes, fervant de fuite à l'*Obfervateur Anglois* , ou *Correfpondance fecrete entre milord All'Eye & milord All'Ear*. On n'en pouvoit favoir davantage , parce qu'on affuroit que le miniftere avoit donné les ordres les plus féveres pour empêcher leur introduction : rien ne peut arrêter la cupidité induftrieufe ; il en a percé des exemplaires qu'on a à force d'argent ; & ceux qui ont lu cet ouvrage, prétendent qu'il y a des lettres fur la marine , fur le miniftre de ce départe-ment , fur fes opérations , & fur les officiers fous fes ordres , extrêmement piquantes , inftructives & donnant à nos ennemis des con-noiffances qu'ils recueilleront , fans doute , évidemment. Ils attribuent à cette caufe l'in-quiétude & la vigilance du gouvernement : mais c'eft à *Londres* & non à *Paris* qu'il faudroit , fi c'étoit poffible , en empêcher le débit & la publicité.

31 *Août*. Me. Linguet a d'autant plus de

peine à se départir de son rôle d'Aretin moderne, qu'il l'a trouvé très-lucratif l'année derniere, & qu'une année de son journal, tous frais faits, lui a rendu 50,000 livres nettes. Son projet étoit de profiter de l'engouement général pour se faire ainsi rapidement une fortune, qu'il bornoit à 300,000 livres : alors il seroit venu les manger paisiblement à Paris. Mais son inaction de quatre mois, & les voyages qu'il a été obligé de faire, lui ont écorné considérablement son petit trésor; en sorte qu'il faut recommencer sur nouveaux frais. Au reste, il auroit les cent mille écus qu'il desire, & un million, qu'on ne croit pas que son caractere turbulent lui permît de goûter la vie qu'il a en perspective; il sera toujours le premier à troubler son propre repos : & comme lui a dit un de ses confreres, *le plus cruel ennemi qu'il ait, c'est lui-même.*

— 1 *Septembre* 1778. Il faut se rappeller la malheureuse affaire de Bretagne, où deux femmes appellées *Lescop*, furent condamnées au supplice, dont l'une ne l'évita qu'en se prétextant grosse; elle eut ainsi le temps de faire voir son innocence, & connoître la prévarication du rapporteur nommé Roland Duroscouet; qui n'avoit pas voulu entendre le testament de mort des autres accusés, déchargeant cette femme, ainsi que sa sœur exécutée. Ce procès se poursuivoit depuis 1774; enfin il est terminé.

Lettre de M. de Guer, du mercredi 19 Août, à M. le duc de Rohan-Chabot.....Nous jugeâmes hier [mardi 18] le sieur Roland Duroscouet; nous le déclarâmes indigne & incapable de posséder jamais aucune place de judicature

E 2

quelconque : nous le condamnâmes en 300 livres d'amende envers le roi, en 12,000 livres de dommages & intérêts pour la *Lefcop*, & dans tous les frais, tant au conseil qu'au parlement.»

On trouve cet arrêt bien doux ; mais les magistrats ont eu peur que le sieur Durofcouet, étant un des membres voués au Maupeou & de son tripot, auteur du jugement du 30 juin 1774; on ne les accusât, de partialité & de vengeance ; d'ailleurs le sieur Durofcouet est d'une grande maison de Bretagne & tient à tout ce qu'il y a de plus illustre. Tout cela n'excuse point la foiblesse du parlement envers un juge prévaricateur , qui a fait sciemment périr une femme innocente ; c'étoit le cas de la peine du talion, & même d'une plus forte à raison de l'abus d'autorité.

2 *Septembre* 1778. Les comédiens François donnent demain la premiere représentation d'une piece nouvelle, ayant pour titre l'*Impatient*, comédie en un acte & en vers.

3 *Septembre* 1778. La petite comédie de l'*Impatient*, jouée aujourd'hui , a été reçue avec beaucoup d'indifférence. Elle est très-médiocre , & ce caractère plus exprimé par les mouvements extérieurs que par les actions, n'est point assez marqué pour produire de l'effet. On la dit d'un monsieur Lanthier débutant , qui n'est pas encore connu , & dont cet ouvrage ne peut donner une grande idée.

4 *Septembre* 1778. Les volumes 3 & 4 de l'*Obfervateur Anglois*, embrassent les diverses opérations de l'année 1776 , dans XLIII lettres extrêmement variées. On y trouve de quoi satisfaire tous les goûts. On difcute dans quel-

ques - unes l'affaire *des Infurgents*, & nos né-
gociations avec eux ; dans quelques autres on
parle en effet de notre marine & des nouvelles
opérations de M. de Sartines ; ailleurs on réfume
les ordonnances du comte de Saint-Germain
& les changements qu'elles ont occafionés : il
s'agit auffi de la magiftrature & des grandes
queftions auxquelles la derniere révolution a
donné lieu. Les événements particuliers impor-
tants qui fe font paffés durant cet intervalle ne
font pas oubliés, & quelques-uns fourniffent
matiere à des détails amufants, à des dialogues
gais &, fur-tout critiques : telles font les lettres
fur *Freron*, fur l'*Académie*, fur l'abbé de *Voi-
fenon*, fur madame *Gourdan*, &c. &c.

4 *Septembre* 1778. Le ramonage général établi
par arrêt du confeil du 22 février 1777,
commence à prendre forme & à s'établir en
corps, ainfi que différents autres pour différentes
parties de la police de Paris déja mis fur pied.
Ils ont un uniforme, ils ont des chefs, ils
doivent être difciplinés & pourront au befoin
être convertis en troupes, même militaires, fi
le cas le requéroit ; car fous cette apparence de
l'utilité publique & d'un fervice plus fûr, plus
prompt & moins difpendieux, on voit que le
defpotifme prend toutes fortes de formes pour
avoir des bras à fa difpofition, toujours prêts à
écrafer leurs concitoyens dans des temps d'alar-
mes & de troubles.

5 *Septembre* 1778. Les heureux événements de
la guerre des Infurgents, nos alliés, contre
l'Angleterre, fourniffent de nouveaux fujets à
ces caricatures mordantes, par lefquelles nos
rivaux nous ont fi fort perfiflés dans la derniere

E 3

guerre. On voit aujourd'hui chez nos marchands d'eftampes , & toujours de l'agrément de la police , *l'Anglois de retour de Philadelphie , & la marchande Angloife réduite au produit de l'exportation de fes marchandifes en Amérique.* Le premier , maigre , décharné , fec , le bâton blanc à la main , les cheveux plats & mal peignés, eft dans l'attitude d'un homme obligé de remonter fes culottes qui ne tiennent point fur fes hanches; du refte , fon accoutrement miférable & rétreci , fa figure allongée , fon air d'humiliation , & toute l'habitude de fon corps pouvant fe foutenir à peine, peignent fa détreffe. Quant à la femme, ce n'eft guere dans fon genre qu'une repétition du premier , & par conféquent elle ne vaut pas l'autre. On court avec fureur après ces gravures enluminés , propres à amufer & réjouir les badauds.

7 *Septembre* 1778. Pour dédommager le duc de Chartres de la chanfon fatirique où l'on le perfifle , en voici une plus flatteufe : elle eft intitulée, le *Déjeûner Anglois*. Elle eft fur l'air : *Jupin un jour en fureur.*

I.

J'ai fouvent fait réflexion
Que le matin d'une victoire
Tous les favoris de la gloire
Avoient le fommeil profond :
Ainfi Condé, tel Alexandre,
   Aux champs d'Arbelle & de Rocroi
   Dormoient dans la bonne foi, *Bis.*
   Qu'on devoit les attendre , *Bis.*

I I.

Monseigneur, il faut vous lever,
Dit Foissi (*) chaud comme une braise,
L'amiral de la flotte Angloise
Vous demande à déjeûner.
Quoi ! dit Bourbon , cet hérétique
Vient visiter le Saint-Esprit !
    Par ma foi , sans contredit , *Bis.*
    L'aventure est unique. *Bis.*

I I I.

Qu'on s'apprête à le fêtoyer ,
Dit Bourbon à son équipage ,
Pour maître-d'hôtel de passage
Je choisis un canonier.
L'amiral arrive & s'étonne
De trouver tout prêt le repas ;
    On traite jusqu'aux goujats , *Bis.*
    Car monseigneur l'ordonne. *Bis.*

I V.

Pour mieux régaler les Anglois ,
On joignit à la bonne chere
Un excellent vin de tonnerre
Que Mars fit tirer exprès ;
Les têtes Angloises tournerent
Pour avoir vuidé maint flacon :
    Parbleu ! le vin étoit bon, *Bis.*
    Mais beaucoup en creverent. *Bis.*

---

(1) Nom de l'écuyer de S. A. S.

·V.·

Keppel rentrant fur fon pallier
N'avoit non plus tête fort faine ;
Soit trop de boiffon , foit migraine,
Il tomba dans l'efcalier :
Pour le remettre dans fa route
Bourbon ordonne en quatre mots,
   Qu'on allume les falots, *Bis*.
Keppel n'y voit plus goutte. *Bis*.

7 *Septembre* 1778. L'objet du théatre du fieur l'Eclufe feroit de ramener le genre poiffard & de faire revivre les pieces de Vadé ; ce directeur fait lui-même la poiffarde avec une grande vérité, mais jufqu'à préfent fon fpectacle a peu de fuccès.

8 *Septembre* 1778. Depuis *il Curiofo Indifcreto* [le Curieux Indifcret] opéra bouffon en trois actes , mufique du fieur Anfoffi , le quatrieme joué fur le théatre lyrique, on a affiché pour le cinquieme *la Frefcatana* , la payfanne de Frefcati opéra bouffon en 3 actes de Paefiello. Deux acteurs nouveaux , *il fignor Gherardi*, muficien au fervice du grand-duc , & *il fignor Pinetti* , débuteront dans cette nouveauté.

9 *Septembre* 1778. Au défaut du fallon de peinture qui n'a pas lieu cette année , les curieux & amateurs vont à l'églife de faint Sulpice voir la fuperbe chapelle de la Vierge. Cette chapelle fut commencée , ainfi que toute l'églife, en 1645 par monfieur Olier , curé, fondateur & premier fupérieur de la communauté & du féminaire : la reine *Anne* d'Autriche en pofa

la premiere pierre le 20 février 1646. Elle a fubi divers changements. Meffonnier en 1733, Servandoni depuis, ont voulu enchérir fur ce qu'avoit fait Gittard, d'après les deffins de Gamard, qui en avoit été le premier auteur: les Slootz y ont ajouté, & M. de Wailly vient de réparer autant qu'il a pu les fautes commifes par fes devanciers. Voilà pour ce qui concerne l'architecture.

Le plafond peint à fresque par le Moine, avoit été confidérablement endommagé lors de l'incendie de la foire Saint-Germain; monfieur Callet, jeune artifte qui a débuté l'année derniere au fallon, s'eft chargé de le réparer & d'y ajouter du fien pour remplir le local vuide, au moyen des changements confidérables faits dans la forme & la conftruction de cette chapelle.

La ftatue de la vierge en marbre, de la façon de monfieur Pigal, étant l'objet principal, tous les autres lui doivent être fubordonnés; auffi fixe-t-il par-tout l'attention. On admire la modeftie, la douceur, la pureté de cette figure, & le jour ménagé d'en haut femble lui donner un air tranfparent & célefte qui en caractérife la béatitude, mais dérobe un peu les traits à l'obfervateur.

10 Septembre 1778. L'ombre de Voltaire au curé de faint Sulpice, par un Genevois. Tel eft le titre d'une piece en vers en l'honneur de ce grand poëte, où l'on mal-mene furieufement & le pafteur & le clergé; on l'apothéofe, malgré les prêtres. Il y a de la facilité dans la verfification, de la philofophie dans les difcours qu'on fait tenir au perfonnage, cenfé

E 5

écrire au curé ; & c'est pour mieux observer, sans doute, le costume, que l'auteur s'est permis de prendre plusieurs pensées & maximes de morale qu'on retrouve en cent endroits des œuvres de M de Voltaire.

Le clergé, qui n'avoit pas besoin de ces injures pour exciter sa fureur contre les manes de ce coryphée de l'impiété, a été très-piqué du sujet choisi par l'académie, & se remue pour le faire changer.

10 *Septembre* 1778. Les lettres-patentes que sollicitoit la société royale de médecine, & à l'enrégistrement desquelles s'opposoit la faculté, ont cependant été reçues & admises par le parlement ; on y a mis quelques adoucissements propres à les rendre moins désagréables à ce corps antique.

11 *Septembre* 1778. Il est toujours question d'ôter la manutention de la machine lyrique au sieur de Vismes, à qui l'on a déja soustrait la caisse par arrêt du conseil : on se plaignoit qu'il en dissipoit les fonds & ne payoit pas les sujets. Un autre intrigant veut le supplanter & est bien propre à le faire, c'est le sieur de Beaumarchais.

12 *Septembre* 1778. *La Paysanne de Frescati,* malgré beaucoup d'invraisemblances, d'absurdités & de choses dégoûtantes, offre cependant une sorte d'intérêt, de curiosité, qui rend ce poëme, quoique d'une longueur excessive, beaucoup moins ennuyeux que les autres. Il y a d'ailleurs plus de mouvement, de vivacité & de chaleur ; les acteurs, en plus grand nombre, en diversifient la scene, & de fréquents changemens de décorations procurent le plaisir des

yeux qu'on eſt accoutumé d'éprouver à l'opéra, où tous les ſens doivent être ſatisfaits.

Le ſujet de la piece eſt pris vraiſemblablement de l'*école des femmes* de Moliere, & reſſemble à beaucoup de la même eſpece où une pupille ſe moque d'un vieux tuteur qui l'aime, le dupe & répond à la paſſion d'un autre; tel en eſt le fond, qui ne préſente dans les détails de l'imbroglio rien d'aſſez neuf pour mériter qu'on entre dans un plus grand développement; on obſervera ſeulement qu'il y a dans le dialogue une gaieté, quelquefois légere & ſouvent groſſiere, mais qu'on n'avoit pas encore trouvée dans ces opéra annoncés vainement pour bouffons.

La muſique, extrêmement variée, abondante, riche juſques dans le récitatif, par l'accompagnement, eſt pleine d'effets piquants, agréables & même ſublimes. Ces ariettes ſe ſuccedent & ſe repouſſent merveilleuſement; elles ſont toujours analogues aux tableaux multipliés qu'amenent les ſituations vraiment pittoreſques pour le muſicien.

Cette farce italienne, qui a eu un ſuccès très-ſupérieur aux précédentes, le doit principalement aux deux nouveaux acteurs: le ſieur Gherardi, faiſant le perſonnage du tuteur, a une ſuperbe baſſe-taille, qu'il déploie avec une aiſance ſinguliere; il eſt d'ailleurs même juſqu'au bout des doigts, & a une phyſionomie heureuſe, parfaitement analogue à ſon rôle. Celui du berg'r amoureux & chéri, eſt rempli par le ſieur Liberti dont l'ame toute de feu ſe peint ſur ſa figure & dans les mouvments. Sa haute-contre nette eſt d'un beau timbre; elle

a en outre la douceur & l'onction de la paffion
tendre & fimple, comme doit être l'amour d'un
villageois. Enfin la fignora Chiavacci, qu'on
connoiffoit déja, a paru mieux placée que jamais
dans le rôle de la payfanne. Sa gaieté, fa naïveté
& fa fineffe ont tour-à-tour réuni tous les fuffrages.

Il y avoit peu de monde à la premiere repréfentation de cette piece; mais il n'y a pas de
doute qu'elle n'attire beaucoup de foule à la
feconde.

Le Ballet d'*Alcimadure*, qui termine, de la
compofition du fieur d'Auberval, eft la pantomime
de l'opéra de ce nom. On fait combien il prête
aux tableaux folâtres & champêtres. Mademoifelle Cecile & le fieur Nivelon y excellent dans
les premiers rôles: les fieurs Veftr'Allard, demoifelles Dorival & Dorothée brillent dans le fecond groupe, & completent la gaieté de ce
divertiffement, dont la mufique eft d'ailleurs vive
& danfante.

12 *Septembre* 1778. On avoit commencé un
Journal de Monfieur, connu fous le titre de
Table générale des Journaux anciens & modernes,
contenant les jugements des journaliftes fur les
principaux ouvrages en tout genre de fcience, de
littérature & d'arts, fuivis d'obfervations im-
partiales. Il avoit été interrompu pendant un an :
il reparoîtra inceffamment fous le nom de madame la préfidente d'Ormoy, & toujours fous les
auguftes aufpices du frere du roi. Il doit recommencer au 1 octobre.

13 *Septembre* 1778. Depuis que M. le duc de
Bouillon a gagné fon procès, il eft comme

un enfant : il eft venu à l'opéra ; il a revu mademoifelle la Guerre, pour laquelle il a déja fait
tant de folies ; & quoiqu'il l'eût quittée pour avoir
trouvé fon laquais couché avec elle, fa paffion
s'eft rallumée plus fortement que jamais ; il a
dit qu'il l'aimoit toujours ; il a voulu paffer la
nuit avec elle ; & en reconnoiffance des nouveaux plaifirs qu'elle lui a procurés, lui a
donné mille louis, une bague, un fervice en
porcelaine, &c.

14 *Septembre* 1778. On réduit tout en cours
aujourd'hui. Un fieur Bacquoi Guedon, danfeur
de la comédie Françoife & éleve de Matignon,
annonce un *Cours public de Danfe*, qui commencera le mois prochain ; il en répand un
Profpectus détaillé & favamment énoncé : fon
cours fera divifé en trois parties.

1º. Il traitera du maintien de l'individu, des
différentes pofitions, des attitudes refpectueu-
fes, des autres décentes, des attitudes familieres
ou de protection ; en un mot tout ce qui a
rapport à l'habitude du corps, depuis qu'on fe
leve jufqu'à ce qu'on fe couche.

2º. Il développera les éléments de la danfe,
il apprendra à fentir la mefure & à la fuivre,
il corrigera les oreilles pareffeufes ou fauffes, &
achevera d'enfeigner la théorie de fon art.

3º. Après tous ces préliminaires, il mettra fes
écoliers au menuet, & leur en fera deffiner la
figure ; il leur enfeignera la maniere de le *phra-*
fer, de le moduler avec des mouvements analogues aux airs : il terminera par les différents pas
de contre-danfe.

15 *Septembre*. Les lettres-patentes du roi
données à Verfailles au mois d'août 1778 ;

portant *Etabliſſement d'une Société Royale de Médecine*, ont été enrégiſtrees en parlement le premier ſeptembre 1778.

Dans le préambule fort long, on fait l'éloge de ces ſortes de ſociétés qui, ſans nuire aux corps plus anciens dont elles émanent, par la réunion des perſonnes les plus ſavantes & les plus recommandables, pour tenir des conférences entr'elles, afin de perfectionner leurs propres connoiſſances par la communication de leurs découvertes, & de s'enrichir même de celles des étrangers, en augmentent la gloire & la ſplendeur.

La nouvelle ſociété ſera préſidée à perpétuité par le premier médecin du roi. Elle ſera compoſée de trente aſſociés ordinaires, tous docteurs en médecine, & de douze aſſociés libres. Il y aura ſoixante aſſociés regnicoles, & autant d'aſſociés étrangers. Il y aura trois officiers, un directeur, un vice-directeur & un ſecretaire.

Les occupations de la ſociété ſeront, outre les recherches ſur les maladies contagieuſes des beſtiaux, & ſur les remedes & moyens propres à les prévenir ou à les arrêter, de conſtater tous les faits intéreſſants de médecine théorique & pratique, & eſſentiellement tout ce qui peut avoir rapport aux maladies épidémiques, & autres qui ſe répandent quelquefois dans les provinces.

La déclaration du 25 avril 1572, portant établiſſement de la commiſſion royale de médecine eſt révoquée, & l'on attribue à ladite ſociété l'examen des remedes nouveaux, tant

internes qu'externes , en outre l'examen des
eaux médicinales & minérales, &c.

Pour satisfaire aux inquiétudes & plaintes de
la faculté , on lui accorde , 1°. que le doyen en
charge & le doyen d'âge auront droit d'assister
à toutes les séances de la société , & que leurs
noms seront inscrits entre ceux des officiers de
cette compagnie : 2°. que sur les trente associés
ordinaires, vingt seront toujours choisis dans
son sein : 3°. que la société nommera tous les
ans deux commissaires pour le transporter
deux fois l'année à la faculté , & lui faire part
des découvertes , recherches ou observations
de la société sur les objets qui pourront être
relatifs aux progrès de la science : 4°. enfin ,
que S. M. n'entend rien innover aux honneurs ,
émoluments, privilèges & prérogatives de la
faculté , & déclare que les associés ordinaires
libres, regnicoles & étrangers, & les correspon-
dants de ladite société, ne pourront, à raison des-
dites qualités , enseigner ou exercer la médecine
dans Paris , qu'ils n'en aient le droit conformément aux ordonnances, &c.

Suit un tableau des membres composant actuellement la société royale de médecine, à la
tête desquels on voit le Roi protecteur.

19 Septembre 1778. Quoiqu'on fasse beaucoup d'éloge du ballet de Ninette à la cour de
la composition de M. Gardel , comme ce n'est
qu'une pantomime calquée servilement sur la
pièce de ce nom , on ne peut y admirer aucune invention, aucun trait de génie de l'artiste ; & ni celui-ci, ni Alcimadure , ni vingt
autres de cette espece , ne valent la Belle au
bois dormant , ballet du même genre exécuté

chez Audinot , mais dont le sujet infiniment
riche prête à tout ce que l'imagination peut inventer pour satisfaire le plaisir des yeux ; le
premier d'un pareil spectacle , tandis qu'il occupe l'esprit & nourrit le cœur.

17 *Septembre* 1778. Avec les tomes 3 & 4 de
l'*observateur Anglois* , il est arrivé ici une seconde
édition des premiers , où entr'autres changements on remarque dans le deuxieme une lettre
dix - huitieme sur un livre intitulé l'*ombre de
Louis XV devant Minos.* On juge par le titre combien elle peut être vigoureuse.

18 *Septembre* 1778. On annonce une brochure
sur le conseil , où tous les membres de ce corps
sont peints successivement ; ce qui peut donner
lieu à d'excellents portraits. Mais la brochure
est infiniment rare ; & comme le grand nombre,
à commencer par le chef, ont le plus grand intérêt d'en arrêter la distribution , on n'en peut
parler encore que sur parole.

18 *Septembre.* L'impératrice des Russies ayant
témoigné le desir de faire acheter pour son compte
la bibliotheque de M. de Voltaire, on ne doute
pas que la famille ne lui fasse le cadeau de la
lui envoyer , & de la prier de l'accepter gratuitement.

19 *Septembre* 1778. Le sieur de Beaumarchais,
qui fait tirer parti de tout , profite de l'engouement du public pour ses mémoires., & , vraisemblablement , dans l'espoir de les bien vendre
dans cette capitale , y en a fait parvenir une
quantité considérable d'exemplaires.

On a déja parlé de celui intitulé : *Réponse
ingénue de Pierre-Augustin Caron de Beaumarchais , à la consultation injurieuse que le*

comte *Joseph-Alexandre Falcoz de la Blache a répandue dans Aix* : mais comme plus connu au-jourd'hui à Paris, il a fait une forte senfation ; il femble exiger plus de détails fur les morceaux propres à amufer le public.

Dans le préambule, l'éctivain met en fcene un colporteur qui lui apporte un mémoire du comte de la Blache, d'où il réfulte un dialogue de perfiflage entre cet homme & le fieur de Beau-marchais, conféquemment pleine de difcuffions ennuyeufes, & cependant lardée de morceaux oratoires dans le genre d'éloquence du perfon-nage bavard, diffus, & ayant l'art de rapprocher de la caufe les chofes les plus étrangeres. On y trouve une définition de la nobleffe, qu'il appelle fa profeffion de foi fur la nobleffe, un morceau d'érudition concernant une ancienne loi des Lombards, une autre hiftorique fur des lettres de Henri IV & de fes miniftres, l'anec-dote d'une de fes converfations avec un maître des requêtes de fes juges ; on y trouve jufques à une citation de l'apocalypfe, enfin un portrait des deux nations Francoife & Angloife, appli-qué aux circonftances.

Il intitule fa feconde partie, *les Rufes du comte de la Blache* ; & c'eft ici que, redoublant de farcafmes & d'injures, il fe livre à tout fon talent de dénigrer & de diffamer en fe jouant & en riant. Les endroits remarquables font : le début fur les avantages de la nobleffe & le dif-férent rôle que chacun des deux adverfaires a joué auprès du fieur Duverney ; la peinture de la trifte deftinée des vieillards livrés à leurs collatéraux, & une fortie contre les célibatai-res ; tout l'hiftorique reffaffé de la naiffance &

des suites de son procès pardevant les divers
tribunaux ; une digression sur la fierté ; un trait
d'érudition encore sur une loi de Henri IV ; la
confirmation du bruit incroyable qu'il avoit
reçu des offres d'accommodement de la part
du comte de la Blache, qui, au moment où les
parties alloient signer, suivant Beaumarchais,
disparoît & se rend à Aix pour gagner les de-
vants ; il n'est pas jusques à la facétie d'Eon
qu'il amene, & dont il voudroit tourner en dérision les imputations, afin d'être dispensé d'y
répondre. Il termine par une péroraison toujours mêlée de cette onction & de ce persiflage,
qu'il amalgame si bien & dont l'art est à lui seul.

Suit une consultation du 17 juin, où les con-
sultants électrisés par ce chaud & plaisant client,
deviennent presqu'aussi verreux & aussi rica-
neurs que lui, & où, par une emphase mons-
trueuse, ils font arriver le nom du sieur de Beaumarchais à la postérité & figurer dans nos annales.

19 *Septembre* 1778. Le *conservatoire* nouvellement institué pour former des éleves de
la danse propres au théatre lyrique, n'a point
ouvert au premier septembre, comme il s'en
flattoit : l'argent qui a manqué tout-à-coup aux
entrepreneurs a retardé les travaux, & l'on
ne sait plus quand ce spectacle commencera ; on
y continue toujours les répétitions.

19 *Septembre*. Monsieur de Vismes cherche par
toutes sortes de moyens à exciter la curiosité
du public ; il a imaginé d'annoncer pour
jeudi dernier une nouvelle maniere d'éclairer la
salle avec un reverbere : l'exécution n'a point
répondu à son espoir. Il a fait la faute capitale

de n'avoir pas confulté le feul homme en état
de réuffir dans une pareille tentative , le fieur
Bourgeois de Châteaublanc, qui , à une grande
pratique de fon art, joint une théorie profonde , &
eft non feulement ingénieux méchanicien , mais
encore favant phyficien : il eft fâcheux qu'il foit
parvenu à un âge qui ne lui permet plus de con-
tinuer fes travaux.

Il faut fe reffouvenir que c'eft à lui qu'on
doit l'illumination actuelle de Paris , dont la
confection , l'entretien des lanternes & la dé-
penfe du luminaire ne coûtent pas 320,000 livres
par an.

21 *Septembre* 1778. Le prétendu extrait du livre intitulé : l'*ombre de Louis XV devant Minos* ,
qu'on trouve dans la 18e. lettre inférée au fecond
volume de la feconde édition de l'*obfervateur
Anglois* , eft abfolument fictif au gré de ceux
qui ont lu la brochure en queftion : c'eft une
tournure de l'auteur pour faire paffer des chofes qui auroient été regardées comme trop fortes & trop hardies , produites directement : c'eft
un plan abfolument neuf de l'ouvrage qui bien
rempli , feroit très-intéreffant , & dont on donne
des efquiffes ; on veut au contraire que le livre
brûlé fût plat & groffier , fans aucun mérite
réel.

21 *Septembre*. On attribue à M. Blin de Saint-
Maur l'*Epître de l'Ombre de Voltaire au Curé de
St. Sulpice.*

22 *Septembre* 1778. Le *Tartare à la Légion* , tel
eft le titre du fecond mémoire du fieur de Beaumarchais ; il l'intitule ainfi parce qu'il prétend
que le comte de la Blache traîne à fa fuite une
foule d'avocats , de procureurs , de folliciteurs ,

d'huissiers, de records ligués contre lui. On juge
que son adversaire, dans une requête en lacé-
ration & brûlure contre le premier mémoire
du sieur de Beaumarchais, s'est sur-tout prévalu
de l'audace de ce client à se jouer de tout &
à citer jusques à l'apocalypse dans son factum.
Dans le reste de l'ouvrage, où il revient sur
ses premieres discussions, il en veut violemment à Caillard, l'avocat du comte à Paris ;
& comme cet avocat est mort, il le traite de la
façon la plus indigne & la plus insolente. Pour
cette fois il s'oublie, il ne se possede plus, il
n'est plus plaisant ; c'est un enragé qui se livre
sans mesure à toute sa fureur, & se flatte sans
doute que sa dent imprimée sur le cadavre de
l'orateur percera jusqu'au client.

Ce mémoire, où il n'y a que peu d'endroits
spirituels & fins, ne vaut pas le premier à beaucoup près, & a été enfanté dans l'accès de la pas-
sion la plus effrénée.

On sait que ces deux mémoires ont été, suivant l'arrêt du parlement, lacérés par un huissier
de la cour, & l'auteur condamné à donner en
réparation mille écus aux hôpitaux. On sait que
par une fanfaronnade bien digne de l'homme,
le sieur de Beaumarchais a dit que ce n'étoit
pas assez, & en a envoyé deux mille.

23 *Septembre* 1778. Tous les amateurs & curieux de livres sont très-fâchés que la bibliotheque de M. de Voltaire passe en Russie ; elle
étoit précieuse, non par la beauté des éditions
ou la rareté & la singularité des livres, mais
par des notes de sa main dont ils étoient tous
chargés. On dit que son dictionnaire encyclopédique en avoit à l'infini.

24 *Septembre* 1778. La sécheresse étonnante qu'il a fait en France , & dans cette capitale depuis plusieurs mois , a fait sentir plus que jamais la nécessité de chercher les moyens de fournir une plus grande abondance d'eau dans la ville de Paris. En conséquence monsieur de Caumartin , le prévôt des marchands actuel , ayant le zele de tous ceux qui entreprennent une administration nouvelle , reçoit avec empressement les diffé-rents mémoires qu'on lui fournit sur cet objet. On distingue entr'eux celui d'un Anglois , qui propose une machine à feu , supérieure à tou-tes celles connues ; il l'établiroit à l'isle Lou-vier , & il prétend qu'il fourniroit de l'eau en profusion à tout Paris pour 20,000 livres par an d'entretien.

25 *Septembre* 1778. Un faiseur de projet qui suppose que celui de la nouvelle salle de la co-médie Françoise n'est pas encore arrêté , fait part du sien au public ; on voit que son objet est de faire sa cour sur-tout à *monsieur* : en con-séquence il place la salle , en attendant son palais , rue de Vaugirard , à l'ancien hôtel de la Gueri-niere ; il forme des issues correspondantes à la place St. Michel , & jusques à Ste Genevieve ; & il prétend que son plan embelliroit considéra-blement le quartier en question.

25 *Septembre.* Le sieur de Beaumarchais se prétend fait pour quelque chose de mieux que pour la direction de l'opéra , & se défend d'en avoir jamais eu l'idée ; il monte de mieux en mieux sa maison de commerce , & vise à une fortune considérable.

Les membres principaux de la danse & du chant du théatre lyrique font de violents efforts

fous le nouveau prévôt des marchands pour
faire casser le bail du sieur de Vismes, & être
chargés de la régie à sa place. Ils offrent de dé-
poser 600,000 livres, & dégager la ville des
87,006 livres qu'elle paie par an à l'adminiftrateur. On ne doute pas que tous frais faits
une bonne administration ne rendît 40,000 écus
de gain & plus. Sans le crédit du sieur Compain,
valet de chambre de la reine, le soutien du sieur
de Vismes, il y a grande apparence qu'on n'héfi-
teroit pas à accepter.

26 *Septembre* 1778. On assure que la démarche du clergé pour s'opposer au projet de l'académie Françoise, qui a proposé l'éloge de monsieur de Voltaire aux candidats, n'a pas eu de fuccès à la cour ; que monsieur le comte de Maurepas
a répondu à la requête des curés de cette capitale, que c'étoit à eux à prier pour le repos de
l'ame du défunt, & aux gens de lettres à célébrer
son génie & ses ouvrages.

Cette inconféquence du gouvernement est d'autant plus grande, que l'académie de Toulouse
ayant donné, il y a quelques années, pour fujet du prix l'*Eloge de Bayle*, dont la naissance
fait honneur à la province de Languedoc, il
ne voulut pas en permettre l'exécution, & obligea
l'académie de changer son annonce. Assurément,
M. de Voltaire mort hors du sein de l'église,
à qui elle a refusé la sépulture, & dont les ouvrages, sans être aussi remplis de raison & de
bon sens que ceux de Bayle, sont cependant
plus dangereux par la féduction & le charme du
style, ne méritoit pas plus d'exception que cet
impie.

Quoi qu'il en soit, si le plan de l'académie

s'effectue, on décerne déja le prix à un monsieur Fontanes, jeune poëte, qui a prévenu l'annonce, & lu son ouvrage devant plusieurs académiciens avec les plus grands applaudissements: seulement il est trop long, & il faudra qu'il l'élague.

27 Septembre 1778. Quoiqu'on connoisse depuis long-temps combien les éloges prodigués dans les sociétés particulieres sont trompeurs, on est cependant étonné à la lecture du *Poëme des Mois* de monsieur Roucher, comment on a pu tant exalter cet ouvrage. Il n'est point encore public, mais on en voit des chants imprimés qui confondent les lecteurs, & sur-tout ceux dont l'auteur par son débit avoit surpris l'admiration. Le style en est pur & correct, la rime heureuse & riche ; il est plein d'images & de poésie ; les vers en sont ronflans & harmonieux, & malgré ces qualités on ne peut en lire un chant sans fatigue & sans ennui: qu'y manque-t-il donc ? Le don de plaire, & sur-tout celui d'intéresser. Il faut attendre, au surplus, qu'il paroisse dans sa totalité pour en juger l'ensemble plus pertinemment.

Chaque chant est accompagné de notes fort longues & fort savantes, qui grossissent le livre de moitié. On y rencontre des choses qui ne sont pas faites pour y être, & qui semblent n'y avoir été mises que pour prolonger ; telle est, par exemple, une dissertation sur l'exportation des bleds, insérée dans les notes du premier chant sur le mois de mars ; telle est dans celui d'avril une longue tirade de M. Cabanis, jeune poëte âgé à peine de 20 ans, qui a entrepris la traduction de l'Illiade, & en a déja rendu

quatre chants : M. Roucher nous en reproduit
deux ou trois cents vers , & nous les donne comme dignes de l'original, quoiqu'ils lui foient bien
inférieurs.

28 *Septembre* 1778. M. de Vifmes , d'après le
confeil qu'on lui a donné, a fait inviter le fieur
Bourgeois de Châteaublanc à venir examiner fon
réverbere , à le critiquer, & à lui donner fes idées
pour en fabriquer un meilleur.

28 *Septembre*. On voit par la lecture de
l'ouvrage de monfieur Roucher , que ce poëte
eft de la fecte des économiftes ; ce qu'on juge
aifément par l'éloge de M. Turgot , inféré à la
fin du premier chant : comme il en eft le meilleur morceau , on va le citer ; il vient après
celui de Henri IV , qui favoit tous le cas qu'on
doit faire des cultivateurs.

Tu le favois auffi , toi qui nous a fait voir
L'ame d'un citoyen au féjour des efclaves ;
Turgot , fage Turgot ! de cruellés entraves
Enchaînoient dans leur courfe & Bacchus & Cérès;
Quelle main ofera les venger ! Tu parois,
Et foudain je les vois , pour enrichir ton prince ,
Librement circuler de province en province;
Le commerce renaît , prend un vol plus hardi ,
Et les moiffons du Nord nourriffent le Midi.
Miniftre de qui Rome eût adoré l'image ,
Au nom du laboureur, je viens te rendre hommage ;
Ton éloge en ce jour me doit être permis.
Quand la faveur des rois te faifoit des amis,
Je me fuis tû : mon vers fufpect de flatterie
Eût été vainement l'écho de la patrie,

Mais

Mais lorfque tu n'as plus d'autre éclat que le tien ;
Lorfque de ton pouvoir mon fort n'attend plus rien,
Je puis libre de crainte, ainfi que d'efpérance,
Bénir mon bienfaiteur & l'ami de la France.

29 *Septembre* 1778. Un M. de Montfort qui
fe dit cet ancien officier des deux corps de l'académie & de l'artillerie de fa majefté Sicilienne,
aujourd'hui ingénieur du duc d'Orléans, & qui
s'eft fait donner l'adjonction de monfieur l'Archer
dans la direction des plans du roi à l'hôtel
royal des invalides, y a établi depuis un an
environ un attelier de voitures de carton : il prétend que ce carton n'eft pas plus flexible que
le bois, & en a toute la folidité, que fon épaif-
feur n'eft plus que de deux lignes dans les
grandes voitures, qui font huit fois plus lége-
res que les voitures ordinaires de la même grandeur ; qu'elles font en outre élaftiques, au point
de céder aux plus violents chocs fans en être
endommagées, fauf dans leur vernis. Il prétend
qu'il regne encore la plus forte antipathie entre
l'eau & ce vernis, que ces voitures font à
l'épreuve de l'humidité, & fupportent indiftinc-
tement le froid & le chaud ; qu'elles doivent ces
excellentes qualités à la préparation de la colle
dont il fe fert pour les conftruire.

Ce carton eft fufceptible, comme le bois
d'être ferré ; il prend toutes les formes qu'on
veut lui donner, & M. de Montfort eft actuellement occupé à faire pour le duc d'Aumont
une gondole qui contiendra 60 perfonnes.

Les brancards, les trains de ces voitures &
les roues font de bois, mais infiniment mieux
traités que ceux des autres. Les premiers font

abfolument dégagés de fer & de la plus grande
légéreté & foupleffe par le fecret qu'il a d'amalgamer le nerf de bœuf avec le bois.

M. de Montfort raconte qu'il doit une pareille découverte à la néceffité ; que voyageant
en Afrique, la difficulté des chemins lui fug-
géra d'effayer d'exécuter une voiture en carton
qui pût être facilement enlevée & tranfportée à
bras dans les paffages les plus embarraffants.

M. de Sartines, qui cherche à réunir dans fon
département tout ce qui peut tendre à améliorer & à perfectionner les conftructions, a propofé à M. de Montfort, auteur de carroffes &
gondoles en carton, de faire des effais pour la
conftruction de bâtiments de mer de la même
fabrique. Cet ingénieux artifte prétend que cela
feroit très-poffible, & d'autant plus utile que le
boulet feroit repouffé par l'élafticité de fon carton ; & qu'au cas où il perceroit, il feroit fim-
plement fon trou, & n'occafioneroit point les
éclats, qu'on fait être ce qu'il y a de plus dangereux dans un combat.

M. de Montfort n'a point accepté pour le
préfent, étant furchargé de befogne pour la
cour, & obligé de veiller par lui-même, de mettre même la main à tous les ouvrages qui fortent
de chez lui.

30 *Septembre* 1778. M. de Vifmes, pour donner quelque fatisfaction aux partifans de notre
mufique qui ne peuvent fe déterminer encore
à goûter la nouvelle, fait faire des répétitions
de *Caftor & Pollux.* Cet opéra doit être remis inceffamment avec une pompe extraordinaire : les *Gluckiftes & Picciniftes* font en l'air,
& fe réuniffent pour ce moment critique, où il

sera décidé si la révolution est tellement con-
sommée qu'il faille même renoncer à ce chef-
d'œuvre de Rameau : époque de l'apogée de sa
gloire.

1 *Octobre* 1778. La reine a pris tellement
goût pour le jeu, sur-tout depuis sa grossesse, qui
ne lui permet pas d'aller autant qu'elle a coutume, qu'il y a réguliérement un Pharaon établi
chez S. M. C'est M. de Chalabre, le fils du
joueur si renommé, qui est son banquier. Derniérement il a représenté à la reine qu'il ne
pouvoit suffire à son emploi, & avoit besoin
d'un second : S. M. y a consenti & lui a dit
de choisir qui il voudroit. Il a jeté les yeux sur
un M. Poinçot, chevalier de St. Louis, qui, la
premiere fois où il s'est rendu au cercle de la
reine, n'a pu, suivant l'étiquette, s'asseoir,
n'ayant pas le brevet de colonel, le dernier
grade qui donne ce droit ; il se trouvoit ainsi
debout seul, lorsque S. M. a paru : elle s'en est
apperçu, & sans égard au cérémonial, si essen-
tiel à Versailles, a ordonné qu'on donnât un
siege à M. Poinçot. Ce qui fit gémir les cour-
tisans rigides attachés aux formes.

2 *Octobre* 1778. On commence à aller voir le
fanal que le sieur Bourgeois de Châteaublanc
fait exécuter pour l'impératrice des Russies. Il
est si immense, qu'on est obligé d'y travailler
dans un attelier particulier qu'on a formé à
l'hôtel de Condé. Il doit être placé sur une
des côtes de son empire, & sera vu de douze
lieues lorsqu'il sera a son point d'exhausse-
ment.

3 *Octobre* 1778. Les officiers revenus du camp de
Bayeux, levé le 28 septembre, confirment ce

qu'on a dit, que les manœuvres exécutées par ordre du maréchal de Broglio, suivant sa nouvelle tactique, n'ont pas eu l'approbation du grand nombre des officiers généraux : ce général étoit pour *l'ordre profond*, c'est-à-dire, pour attaquer par colonnes d'une grande profondeur, au lieu de suivre l'*ordre mince*, qui consiste à se former en lignes très-étendues sur quelques hommes de hauteur seulement.

4 *Octobre* 1778. Quoique M. l'abbé Mignot, neveu de M. de Voltaire, ainsi que M. d'Ornoy, n'ait eu qu'une somme de 100,000 livres pour sa portion de cet héritage, à laquelle le vieillard de Ferney les a réduits, tandis que madame Denis a recueilli 80,000 livres de rentes & 400,000 livres d'argent comptant, le premier se pique de générosité : il a commandé un mausolée, qu'il doit placer dans son abbaye de Scellieres en l'honneur de M. de Voltaire. Il s'enfuit que l'abbé Mignot renonce à envoyer les cendres de son oncle à Ferney, & se propose de les conserver à perpétuité. C'est un nommé Clodion, sculpteur, qui est chargé du monument.

Le prieur, que le clergé vouloit faire expulser par son général, l'abbé de Pontigny, fier de la protection du gouvernement, est aujourd'hui tout entier dans les intérêts du parti des philosophes. Il a triomphé absolument de la persécution élevée contre lui, & le comité ministériel tenu entre le comte de Maurepas, monsieur Amelot & M. Necker, relativement à tout ce qui a concerné cette affaire, depuis la maladie de M. de Voltaire jusqu'au dernier effort tenté par les curés, dirige toutes les démarches nou-

velles & y préſide. C'eſt à ce comité qu'a recours aujourd'hui l'académie Françoiſe pour
faire faire le ſervice qu'elle attend avant de
procéder à l'élection d'un ſucceſſeur de M. de
Voltaire ; mais cette grace eſt plus difficile à
obtenir à cauſe de la capitale où il doit avoir
lieu , où s'eſt paſſé le ſcandale & où ſe trouve
en quelque ſorte le clergé réuni.

ƒ Octobre 1778. L'abbé Jabineau eſt un jan-
ſéniſte renommé , connu même par pluſieurs
perſécutions qu'il a déja eſſuyées : malgré cela
ſon génie turbulent , ſon zele pour le parti, &
ſon activité ne lui permettent pas de reſter oiſif.
On ſait l'identité que les janſéniſtes veulent
mettre en toutes les affaires parlementaires &
les leurs. Quoique celle actuelle de Rouen n'ait
aucun rapport direct à eux , en qualité de meilleurs patriotes que les autres , à ce qu'ils prétendent , ils y ont pris beaucoup d'intérêt:
l'abbé Jabineau , accoutumé aux manœuvres
clandeſtines pour l'impreſſion de leurs pam-
phlets , a prêté ſon miniſtere pour celle des
remontrances & autres pieces relatives à toute
la conteſtation du parlement de Normandie
avec la cour , qui devient de plus en plus in-
téreſſante. Il étoit allé à Orléans travailler à
cette beſogne , elle étoit finie & il revenoit
muni d'une certaine quantité d'exemplaires. Il
a été trahi , on l'a arrêté & fouillé en conſéquence aux barrieres , & il a été conduit à la
Baſtille.

ƒ Octobre. C'eſt décidément le ſieur Pankouke qui ſera l'agent matériel de l'édition
générale qu'on ſe propoſe de faire des œuvres de M. de Voltaire ; madame Denis lui

a remis toutes les pieces néceffaires. On ne nomme point encore l'homme de lettres qui préfidera à l'opération ; il en faudroit même plufieurs, tant elle fera immenfe & diverfifiée.

5 *Octobre* 1778. Monfieur de Foncemagne de l'académie Françoife menace ruine, & il eft à craindre qu'il ne laiffe une autre place vacante avant qu'on ait donné un fucceffeur à M. de Voltaire : fon grand âge & la nature de fa maladie dans la veffie ne laiffe plus d'efpoir.

6 *octobre* 1778. Le fieur Pankouke, que Me. Linguet outrage depuis long-temps avec tant de fureur & d'opiniâtreté, feroit peut-être peu fenfible à ce qui intéreffe fon amour-propre, fi fon cruel ennemi ne cherchoit en même-temps à décrier fes entreprifes de librairie, & à les faire échouer. C'eft ainfi qu'il voudroit faire tomber le *Mercure* dès fa régénération.

Le fieur Pankouke lui a répondu dans le volume d'hier 5 octobre, en affurant qu'il a 7,000 foufcripteurs pour fon journal. Mais en outre, peu content de cette défenfe très-modérée & réduite à une fimple note, il voudroit bien rendre injure pour injure, invective pour invective ; en conféquence il a raffemblé depuis long-temps toutes fortes d'anecdotes fcandaleufes fur Me. Linguet ; & s'imaginant que Me. Falconet, qui a recueilli une fi forte dofe de fiel que lui a prodigué l'avocat expulfé lors du procès des Verons, ne feroit pas fâché de trouver occafion de broder un auffi excellent canevas, il lui a propofé de prêter fa plume pour cette œuvre d'iniquité ; mais l'orateur a eu la générofité de s'y refufer.

6 Octobre 1778. *Caftor & Pollux* eft annoncé pour dimanche onze. Les bouffons préparent *la fpofa collerica* ou *la femme colere* , intermede en deux actes de M. Piccini.

8 *Octobre* 1778. On voit une *priere* imprimée *à l'occafion de la groffeffe de la reine* , récitée pour la premiere fois par les juifs François , originaires d'Avignon , réfidants à Paris , le 5 feptembre , compofée en langue hébraïque par *Mardochée Venture* , maître des langues Hébraïque , Rabinique , Chaldaïque & Talmudique , Italienne & Efpagnole , & traduite par lui-même.

Cette priere fort longue & vraiment dans le ftyle judaïque , fait honneur au zele de la nation Juive. On y remarque une différence effentielle d'avec les oraifons de nos prêtres : c'eft qu'elle pouffe fon ardeur pour la ligne régnante jufqu'à demander un enfant mâle : chez nous , au contraire , l'églife fuppofant , d'après le fyftême des phyficiens , que le fexe de l'embryon royal eft déja déterminé , lorfqu'elle commence à former fes inftances auprès du ciel , fe contente d'implorer fon fecours pour l'heureufe délivrance de S. M. & croiroit tenter Dieu en le follicitant de changer fon œuvre commencée. Voilà la folution qu'en fourniffent les docteurs de notre loi.

8 *octobre.* Madame Denis a fait remettre au fieur Pankouke deux caiffes de papiers & manufcrits pour la nouvelle édition des œuvres de fon oncle ; ce n'eft pas qu'il y ait beaucoup de neuf , on en a trouvé très-peu , mais ce font quantité de volumes retouchés de la main de Voltaire; ce font auffi des lettres de toute efpece

F 4

qu'elle a recueillies, quoiqu'il s'en faille qu'on ait pu les raffembler en totalité ; il y en a infiniment plus qu'on n'a pu recouvrer ou qu'on n'ofe publier.

9 Octobre 1778. L'abbé Jabineau, particuliérement connu du lieutenant-général de police, a fort furpris ce magiftrat quand on le lui a amené comme en contravention aux loix & aux ordres du gouvernement ; il en a été bien accueilli, & l'on a eu à la Baftille beaucoup de ménagement pour lui : cependant M. le garde-des-fceaux vouloit mettre dans le commencement de cette affaire de l'humeur, parce qu'elle le concerne en partie; mais des gens de haut parage lui en ont impofé, & l'on efpere que le prifonnier ne tardera pas à avoir fa liberté.

10 Octobre 1778. M. le duc de Brancas, qui fe foucie peu du comte de Lauragais fon fils, & qui aime l'argent, s'eft arrangé avec le directeur des finances actuel pour le retrait par le roi du domaine de Lauragais engagé, malgré une fubftitution à laquelle il eft affujetti. Monfieur Necker a cru devoir en inftruire le comte ; mais celui-ci toujours cauftique, & peu prévenu en faveur du miniftre des finances, qu'il a beaucoup connu à la compagnie des Indes, lui a répondu par une lettre très-ingénieufe, très-piquante & très-gaie, qui humilie & défole monfieur Necker. Cette facétie eft beaucoup mieux faite, à une mauvaife plaifanterie près, que toutes les autres de ce feigneur à faillies, mais au fond excellent patriote. Il a grand foin d'en répandre des copies, pour imprimer fur le miniftre le

ridicule qui trop souvent en France est l'avant-
coureur des disgraces.

La lettre de M. Mecker est du 9 septembre
& la réponse du 23 du même mois.

*9 Octobre 1778. Copie de la lettre de monsieur
Necker à M. le comte de Lauragais , du 9
septembre.*

Je crois devoir vous prévenir , Monsieur le
Comte , que l'intention du roi est de rentrer
dans le domaine de Lauragais , engagé à monsieur le duc de Brancas par contrat du 21 octobre 1726 , moyennant la somme de 195,600 livres.

La conservation des droits du domaine de la
couronne contestés pour la plupart à M. le duc de
Brancas , les procès qu'il a soutenus à cet égard ,
& les difficultés qu'éprouve au parlement de
Toulouse l'enrégistrement des lettres-patentes relatives au droit *des Leudes* , font la base des motifs qui ont déterminé S. M. J'aurai soin que
les droits de la substitution soient conservés , &
que l'emploi des deniers qui en font l'objet , en
soit fait d'une maniere convenable.

J'ai l'honneur d'être , &c. [*Signé*] NECKER.

*Réponse de monsieur le comte de Lauragais , du
23 Septembre.*

J'aurois assurément répondu plutôt , Monsieur ,
à la lettre que vous m'avez fait l'honneur de
m'écrire le 9 septembre , si j'eusse été ici ,
mais j'y arrive. Je viens de courir la campagne ;
vous me paroissez plus heureux que moi , *il
vaut mieux la battre.* Je ne vous fais point
mes remerciements sur les peines que vous vou-

lez bien prendre pour débarraffer mon pere
des procès qu'entraînent toujours les grandes
propriétés , ni des foins que vous me promettez
pour veiller à la confervation des droits de la
fubftitution à laquelle je fuis appellé , en faifant
vous-même , d'*une maniere convenable* , l'emploi des deniers qui en font l'objet : je devois
compter infiniment fur vos procédés & même
fur votre reconnoiffance : je l'ai méritée cet
hiver (1) autant que je l'ai pu ; malgré cela je
refufe abfolument vos fervices. Ce feroit vous
compromettre gravement , que de ne pas s'oppofer autant qu'il fera dans le pouvoir des
chofes , à vous laiffer immoler la grande queftion des domaines , pour éviter à mon pere
quelques affaires , & me laiffer à moi une fubftitution véritablement liquide. Je n'aurai point
ce reproche à me faire. Ce que vous entreprenez
ébranle tous les principes de l'adminiftration ,
& j'ai trop oui dire à tous les gens du confeil
du roi que vous n'entendiez pas un mot d'adminiftration , pour ne pas craindre d'exciter
les clabauderies contre le généreux citoyen de
Geneve, qui veut bien gratuitement gouverner la
France. ainfi je vais avoir l'honneur d'écrire à
monfieur le comte de Maurepas , & charger mon
avocat au confeil de s'oppofer autant qu'il fera
poffible à l'excès des faveurs dont vous voulez
accabler le campagnard.

[*Signé*] LAURAGUAIS.

(1) Cette phrafe eft relative aux intrigues de monfieur le comte de Lauraguais , qui durant l'hiver a travaillé à décrier M. Necker & à le faire fauter.

12 *Octobre* 1778. M. de la Borde , auteur des tableaux de la Suisse & de l'Italie , indépendamment de cet ouvrage immense , en entreprend un autre qui en devoit d'abord faire partie , & qu'il doit traiter à part sous le titre d'*Essai sur la musique* , titre modeste sans doute , quoique cet essai , ayant deux volumes in-4°. , doit renfermer dans cette étendue un traité complet sur ce bel art.

Suivant lui la ville de Naples est aujourd'hui la métropole du monde pour la musique. C'est de cette école que sont sortis les plus grands compositeurs , & c'est elle qui les produit encore : nous lui devons les *Piccini* , *Durante* , *Leo* , *Pergolese* , *Sachini* , *Hasse* , *Teradeglias* , *Porpora* , *Jomelli* , *Galuppi Peres* , *Maïo* , *Feo* , *l'Atilla* , *Scarlatti* , *Buononcini* , *Paesiello* , *Anfossi*. Le premier projet de M. de la Borde étoit d'insérer son article concernant cet art dans l'histoire de la capitale du royaume des Deux-Siciles ; l'abondance de la matiere & de ses recherches l'oblige d'en parler *ex professo*.

Son objet est de seconder le goût de la musique universellement répandu , en développant les connoissances qu'elle exige pour en juger pertinemment , pour se plaire aux nouveaux spectacles qu'on nous donne , pour se mettre en état d'entendre les querelles qu'ils excitent & d'y prendre part.

Il paroît qu'il se propose d'abord de révoquer en doute les prodigieux effets de la musique chez les anciens , ou plutôt d'en faire sentir l'impossibilité , puisqu'ils ne connoissoient pas même les accords & par conséquent l'harmo-

F 6

sie ; il affure que la mufique moderne, qui confifte effentiellement dans l'art de contre-point, n'a commencé d'exifter que vers le on-zieme fiecle, & que, jufqu'à cette époque, elle n'avoit été par-tout qu'un plain-chant plus ou moins agréable.

12 *Octobre* 1778. M. de la Harpe qui, mal-gré fes proteftations de philofophie & de ftoï-cité, eft très-irrafcible, outré de toutes les plaifanteries bonnes ou mauvaifes inférées au *Journal de Paris*, & plus encore des difcuf-fions de fa tragédie, dont on y montre les in-nombrables & énormes défauts, a porté le délire jufqu'à écrire une lettre infolente à M. Duffieux, l'un des rédacteurs, & après un déluge d'injures l'a menacé de coups de bâton.

M. Duffieux a pris le parti de dépofer cette lettre, & de porter plainte au criminel contre le poëte ; l'affaire alloit devenir très-férieufe, lorf-que l'académie Françoife, inftruite à quel point ce membre s'étoit compromis, l'a menacé de le rayer s'il n'étouffoit ce procès par les répara-tions convenables : M. de la Harpe a été obligé de faire des excufes à fon ennemi, & la chofe n'aura pas d'autres fuites.

12 *Octobre.* M. le duc de Choifeul, inftruit qu'on fe propofoit d'imprimer les lettres fa-milieres de M. de Voltaire & les réponfes de divers perfonnages qu'on pourroit raffembler, n'a point voulu figurer dans cette collection, & a redemandé les fiennes. On n'ofe publier celles du roi de Pruffe, de l'impératrice de Ruffie, du roi de Pologne & autres fouverains, fans leur aveu. M. le duc de Nivernois en a beau-coup, dont il ne veut pas fe défaire. Monfieur

le comte d'Argental a remis celles qu'il avoit au
fieur Pankouke , en nombre très - confidérable,
& l'on affure que ce libraire les a achetées 4,000
livres. Il s'enfuit que cette collection-ci fera
encore très-imparfaite.

13 *Octobre* 1778. L'abbé Jabineau eft forti de
la Baftille jeudi dernier. M. le garde-des- fceaux ,
à qui l'on a fait entendre que cet avocat clerc
avoit été très-utile à la magiftrature durant
l'exil , l'avoit beaucoup fervi par fon zele &
fes brochures , étoit un martyre patriotique ,
impliqué dans le fameux procès de la *Corres-*
pondance , & décrété par le tripot Maupeou,
veut le connoître ; mais l'abbé fe propofe bien
de le tancer d'importance , & de lui faire
fentir l'indécence d'un chef de la juftice , qui
ofe fe fervir contre un citoyen domicilié , contre
un avocat , d'un moyen auffi illégal qu'une lettre
de cachet.

Du refte , l'abbé Jabineau avoit , fuivant
l'ufage , emporté avec lui toute l'édition des
arrêtés & remontrances du parlement de Rouen ;
en forte que tout a été faifi & qu'il n'y a pas
moyen d'en avoir

14 *Octobre* 1778. On a en effet remis dimanche
Caftor & Pollux , & le concours étoit immenfe.
Les partifans de la nouvelle mufique & fur-tout
les gluckiftes , malgré la vénération où a toujours
été cet opéra , l'ont trouvé ennuyeux ; ils en ont
jugé la mufique plate. Ses partifans font fortis
mécontents par une autre raifon ; malgré les
foins & les dépenfes du nouvel adminiftrateur,
ils l'ont trouvé mal remis.

15 *Octobre* 1778. Depuis long-temps on parle
de transférer les cordeliers aux céleftins fup-

primés ; il paffe pour certain aujourd'hui que
ce projet va s'effectuer. Ces religieux n'auront
que les bâtiments & une partie du jardin qui eſt
immenſe. On ouvrira une rue ſur ce terrein,
qui aboutira *rue de la Ceriſerai*, & dans la cour
de l'arſenal, en équerre avec une en face de la
grille du jardin.

Quant aux cordeliers, on doit abattre une
partie de leur égliſe pour faire une place devant
les écoles de chirurgie, & découvrir là façade
de ce ſuperbe bâtiment ; on croit qu'elle recevra
dans ſon temps la ſtatue de *Louis XVI*.

16 *Octobre* 1778. M. l'archevêque de Tou-
louſe, grand faiſeur de projets, entre leſquels il y
en a d'utiles & de patriotiques, vient d'en
propoſer un de cette eſpece au gouvernement:
c'eſt l'inſtitution d'une chaire pour inſtruire
des ſourds & muets dans la maniere de l'abbé
de l'Epée, qui, comme de raiſon, préſideroit
à ce bel établiſſement : on ſait combien l'em-
pereur, pendant ſon ſéjour ici, a exalté cet
inſtituteur ; on ſait qu'il lui a envoyé un ſujet
à former: tout cela heureuſement excite le zele
du miniſtere à ſeconder le prélat, qui d'ailleurs
trouve des moyens de finance ſans qu'il en coûte
rien à l'état.

17 *Octobre* 1778. Les comédiens Italiens ont
donné lundi *la Chaſſe*, piece en trois actes,
paroles de M. Desfontaines, muſique de M. de
Saint-George. Ce dernier, amateur très-connu,
très-répandu, très-eſtimé, avoit attiré un cours
de monde prodigieux : on ne peut encore aſſeoir
de jugement ſur cette repréſentation très-tumul-
tueuſe.

18 *Octobre* 1778. M. Remond de Ste. Albine
vient de mourir dans fa quatre-vingt-quatrieme
année. Il a fait quelques ouvrages, & a long-
temps préfidé à la gazette de France. Boindin
difoit de lui que c'étoit un homme qui avoit
de l'efprit, quand on lui en donnoit le temps ;
il n'avoit en effet ni faillies, ni vivacité ; il s'ex-
primoit bien, mais lentement : c'étoit un littérateur eftimable, plein de bon fens, d'un jugement exquis & très-anti-philofophe.

18 *Octobre* 1778. M. de Lalande eft le vénérable de la loge des Neuf-Sœurs, il fe nomme
Jérôme ; & le 30 feptembre, jour de la fête de
ce faint, on a tenu une féance extraordinaire
pour célébrer celle de ce chef. Le frere de
la Dixmerie avoit compofé une chanfon en fon
honneur pleine de fel & de gaieté, qui a été
chantée avec beaucoup d'applaudiffements. Quoique tout ce qui fe paffe dans l'intérieur des
franc-maçons doive être un fecret, l'amour-
propre de l'auteur & du héros a laiffé tranf-
pirer cette plaifanterie. Pour bien l'entendre
il faut favoir que M. de Lalande, membre de
l'académie des fciences, eft un aftronome célè-
bre, grand amateur du beau fexe, & philofophe
d'une fociété douce & aimable.

Chanfon fur l'air : *ah ! dam Cadet, &c.*

    Connoiffez-vous dans le canton
    Certain favant, bon compagnon,
    Qui de Copernic, de Newton,
      Fait le fecond tome ?
        On devine fon nom :
        c'eft monfieur Jérôme.

Comme un chantre lit au lutrin,
Dans les cieux il vous lit en plein :
Qu'une comete aille fon train,
 Crac , vîte il vous l'empaume :
  Ce n'eft qu'un tour de main
  Pour monfieur Jérôme.

L'aftre qu'il obferve le plus
Eft la planete de Vénus ;
Tous fes afpects font bien connus
 De ce grand aftronome :
  Les cieux font toujours nus
  Pour monfieur Jérôme.

Quand il parle ou quand il écrit,
En grand chorus on applaudit ;
L'innocente Life fe dit ,
 Cela vaut un royaume :
  Ah ! quêtons de l'efprit
  Chez monfieur Jérôme.

Il raifonne comme un Platon ,
Il n'agit point comme un Caton ;
Moi je trouve qu'il a raifon ;
 Caton fut trop fauvage ,
  C'étoit un furibon ;
  Jérôme eft un fage.

19 *Octobre* 1778. C'eft le fyftême de M. Mef-
nil-Durand , gentilhomme de Normandie , ancien militaire & auteur d'un livre de tactique ,
qu'il propofe depuis plus de vignt ans, adopté
par M. le maréchal de Broglio , que ce général
a voulu mettre en vogue au camp de Norman-

die ; mais toutes les attaques qu'il a voulu faire faire & qu'il a faites lui-même , n'ont pas réussi ; les manœuvres contraires ont toujours triomphé des siennes. Indépendamment de cette obstination dont son amour-propre a reçu des mortifications, il ne s'est pas fait aimer par sa hauteur, par sa dureté , &c. ; il s'est élevé un cri de mécontentement contre lui ; & depuis son retour il s'est tenu à la table de M. le prince de Montbarrey des propos injurieux pour ce général : comme il en a été instruit , il a voulu faire remonter à la source de ces propos , & a sollicité *ad hoc* un conseil de guerre ; il n'y a pas d'apparence qu'il l'obtienne.

19 *Octobre* 1778. Le projet des freres Périer pour procurer de l'eau dans les maisons de Paris, commence à s'exécuter , & ils élevent une pompe à la grille de Chaillot.

19 *Octobre.* M. de la Borde , dans le *prospectus* de son *Essai sur la Musique*, fait l'éloge de cinq auteurs vivants qui ont écrit sur cette matiere. Il parle de l'ouvrage de monsieur d'Alembert, où l'écrivain éclaircit plusieurs principes obscurs de Rameau ; des savantes dissertations de l'abbé Arnaud , qui se refuse de mettre au jour les fruits de ses laborieuses recherches ; des ouvrages de M. l'abbé Roussier, connu par un excellent mémoire sur la musique des anciens ; de l'*Essai sur l'union de la poésie & de la musique* de monsieur le chevalier de Chatellux , signal de la derniere révolution de la musique en France ; enfin de l'*Essai sur la révolution de la musique en France*, par monsieur de Marmontel , dont on a parlé.

On est surpris qu'entre tous ces traités il omette

le dictionnaire de musique de Rousseau, au
gré de bien des gens supérieur à ceux-là. Il faut
attribuer cette réticence à la basse jalousie de
M. de la Borde contre ce grand homme, qui
étoit le principe de la lettre envoyée au *Journal
de Paris*, où il décrioit si indécemment le *Devin
du village*, & qu'on n'a pas voulu insérer parce
qu'il exigeoit l'anonyme.

20 *Octobre* 1778. Malgré toutes les précautions prises par les lettres-patentes d'érection de
la société royale de médecine pour lui concilier
la faculté, celle-ci ne veut entendre à aucun arrangement, & se refuse à tous les honneurs qui
lui sont accordés par la nouvelle compagnie.
Elle est de plus en plus jalouse d'un corps qui va
recevoir toutes les faveurs de la cour, acquérir
une grande consistance & une illustration sin-
gulière. Cela lui donne une émulation dont
elle avoit besoin, elle s'occupe de travaux aca-
démiques; elle aura des séances publiques, &
sans doute aussi des prix. Quant à la première,
elle tient aujourd'hui une assemblée qu'on assure
devoir être aussi brillante que celle de l'année
passée.

Dernièrement, dans une assemblée de la faculté, un docteur a laissé tomber de dessous sa robe
une quantité d'exemplaires d'une lettre que
chacun a ramassée; il s'est trouvé que c'étoit un
libelle violent contre la société royale & plusieurs
de ses membres. Cette lettre seroit très-propre
à mériter à son auteur, s'il étoit connu, un châti-
ment exemplaire; mais il a fait son coup si
adroitement qu'il est absolument ignoré.

21 *Octobre* 1778. Il paroît les volumes 9 & 10,
servant de suite aux *Mémoires Secrets &c. de*

Bachaumont. Ceux - ci embraſſent les années
1776 & 1777. Comme Me. Linguet , mécontent
de beaucoup de vérités qu'on lui dit dans cet
ouvrage , l'avoit très-maltraité dans ſon N°. 8. ,
on lit en tête un court avertiſſement , non moins
ſage que noble & vigoureux. (Cet article eſt
extrait de nouvelles à la main très-accréditées
dans Paris.)

22 *Octobre* 1778. M. Amelot a eu pour gouverneur un M. le Roi , gentilhomme très-an-
cien , puiſqu'il prétend avoir ſes titres en regle
depuis ſaint Louis ; la détreſſe l'avoit obligé de
prendre ce poſte. Son fils épouſe aujourd'hui , par
une raiſon de fortune , une bâtarde qu'a eue le
marquis de Brancas d'une fameuſe danſeuſe
de l'opéra, connue ſous le nom de *Pouponne* , &
morte en couche de cet enfant. Elle a été très-
bien élevée chez ſon pere , qui l'aime comme ſa
fille & prend le gendre avec lui ; indépendamment de 12,000 livres de rentes qu'il aſſure
à la jeune perſonne , M. Amelot a fait avoir au
mari une compagnie de cavalerie.

21 *Octobre.* M. le duc d'Orléans , retiré tout-
à-fait dans ſon nouveau palais auprès de celui de
madame de Monteſſon , & dans une ſorte de
dévotion , demandoit depuis long-temps une
paroiſſe ou une annexe pour ce quartier-là. Il eſt
enfin décidé d'y tranſporter les capucins de la
rue Saint-Honoré , qui feront les fonctions cu-
riales : une partie de la vente de leur terrein,
ſervira à bâtir à la Chauſſée-d'Antin un couvent
pour ces moines , & du reſte on les dotera par
forme d'aumône de la part du roi.

22 *Octobre* 1778. Les gluckiſtes & les bouffons,
quoique de partis bien oppoſés , ſe réuniſſent

contre le fuccès de *Caftor & Pollux* , & fe portent même à des manœuvres indécentes & odieufes, en cabalant dans le parterre & en éxcitant des huées qui interrompent le fpeétacle & troublent les aéteurs : la plus grande partie de l'orcheftre entre dans le complot , & fe refufe d'éxécuter avec la précifion & l'habileté connue des maîtres qui le compofent ; enfin les meilleurs aéteurs fe font déja doubler. Malgré cet acharnement, les trois repréfentions qu'a eues jufqu'ici cet opéra, ont été très-completes , & le public eft indigné de tant d'horreurs.

23 *Oétobre* 1778. Les faifeurs de projets s'évertuent fur la deftination future de l'emplacement des capucins de la rue Saint-Honoré. Le plus beau eft celui dont le plan feroit de percer une rue depuis le petit Carroufel jufqu'à la place de Louis XV , en prenant le terrein néceffaire du manege , des feuillants , des capucins & de l'affomption ; de former une autre rue perpendiculaire fur celle-là en face de la place de Vendôme , qui aboutiroit à une grille du jardin des Tuileries ; enfin d'en ouvrir une troifieme vis-à-vis de l'autre côté de la place de Vendôme , qui pafferoit au milieu des capucines & iroit rejoindre le rempart. On prétend que , par le bénéfice que procureroient les façades qu'on fe ménageroit dans toutes ces rues, on fuffiroit aux dépenfes de cet embelliffement de la capitale, qui ne coûteroit ainfi rien à perfonne.

24 *Oétobre* 1778. Les doéteurs Bouvart, Maloët, Darcet , qui avoient d'abord été agrégés à la fociété royale de médecine , s'en font féparés

depuis les différends graves de la faculté avec elle , & ont semblé rougir de cette ingratitude envers elle ; celle-ci se réjouit d'avoir vu revenir dans son sein ces personnages très-renommés pour leur savoir , très-estimables en outre par leur conduite & par leurs mœurs.

24 *Octobre* 1778. M. le marquis de Villette a acheté de madame Denis la terre de Ferney, pour 250,000 livres. L'abbé Mignot & monsieur d'Ornoy font furieux qu'on laisse passer dans des mains étrangeres cette habitation de M. de Voltaire.

25 *Octobre* 1778. La loge des Neuf-Sœurs se propose de faire dans son intérieur , le mois prochain , un service maçonnique en l'honneur de Voltaire , devenu l'un de ses freres ; on travaille de l'oin à donner à cette cérémonie tout l'éclat & toute la majesté que mérite cet auguste sujet. C'est le frere de la Dixmerie qui doit prononcer l'oraison funebre. Monsieur l'abbé Cordier de saint Firmin , l'agent-général de la loge, renommé pour ces sortes de fêtes , a eu recours aux plus habiles artistes pour la décoration & les ornements du lieu, & c'est M. de Lalande , le vénérable actuel, qui présidera. On ne doute pas que le docteur Franklin , affilié à la même loge, l'héritier du tablier de Voltaire , l'ami & l'admirateur du défunt , n'y assiste & ne se distingue par quelque marque de son zele en ce jour mémorable.

26 *Octobre.* La société royale de médecine a encore tenu sa séance publique du mardi 20 octobre dans la salle des actes du college royal : M. Amelot, M. le Noir, le docteur Franklin y assisterent.

M. Vicq d'Azyr, le fecretaire, a ouvert la féance
en publiant les programmes des prix au nombre
de fix.

1ᵉ. Déterminer quel peut être le meilleur traitement de la rage.

M. Le Noir a confacré à cet effet un fomme de
1,200 livres.

2°. Etablir, 1o. par l'analyfe chymique quelle
eft la nature des remedes anti-fcorbutiques proprement dits : 2°. par l'obfervation, quel peut
être leur fage & leur combinaifon dans les différentes efpeces & complications, & dans les différents degrés du fcorbut.

Ce prix eft de la valeur de 600 livres.

3°. Exifte-t-il véritablement une fièvre mil-
liaire effentielle & diftincte des autres fievres
exanthématiques, & dans quelle conftitution
doit-elle être rangée ?

Ce prix eft de la bienfaifance de M. Pecq
de la Clôture, médecin de Rouen. Il eft de
300 livres.

4°. Déterminer par un nombre fuffifant d'obfervations & d'expériences exactes, fi les maladies contagieufes, principalement la petite vérole, peuvent fe tranfmettre par l'intermede de
l'air.

Ce prix de 300 livres provient de la générofité de M. Raft, médecin de Lyon.

5°. Indiquer la meilleure méthode pour guérir
promptement & fûrement la gale, contractée par
communication, comme il arrive dans les cafer-
nes, dans les atteliers, dans les hôpitaux & dans
les prifons.

6o. Faire connoître le moyen le plus prompt,
le moins difpendieux & en même temps le plus

fûr , pour guérir la gonorrhée virulente , & pour prévenir les accidents qui en font ordinairement les fuites.

Ces deux derniers prix de 300 livres chacun , proviennent de M. le marquis de Crenoles , brigadier des armées du roi.

Indépendamment des fujets des prix propofés, la fociété royale de médecine a annoncé la fuite des travaux qu'elle a commencés & les nouvelles recherches dont elle a conçu le projet. Les commiffaires nommés pour conftater les propriétés médicinales de l'électricité , de l'aimant & de différentes efpeces d'air ou de gaz , continuent leurs opérations avec la plus grande exactitude. Ces diverfes méthodes font adminiftrées gratuitement fous les yeux de plufieurs membres de la fociété qu'elle a nommés pour vérifier l'état des malades. M. l'abbé Teffier n'a point interrompu fes opérations fur les maladies des grains , & il a paffé une partie de la belle faifon en Beauce pour fuivre la moiffon dans tous fes détails.

Les nouveaux travaux qu'elle propofe font 1°. fur la defcription typographique & médicale de la France ; 2°. fur l'analyfe des eaux minérales ; 3°. fur les maladies des artifans ; 4°. fur les maladies des beftiaux.

Enfuite on a lu divers mémoires.

1°. Un de M. de Laffone , fur de nouveaux moyens de perfectionner la préparation du tartre ftibié , ou tartre émétique.

2°. Un de M. Geoffroy , contenant une expofition des maladies qui ont régné à Paris pendant les fix premiers mois de cette année.

3°. Un de M. de Paulet fur la claffe des champignons bulbeux , dont la plupart des efpeces qui croiffent aux environs de Paris , font malfaifantes , avec des moyens faciles pour les reconnoître..

4o. Un M. Coquereau fur une fievre intermittente locale , dont l'effet fe portoit fpécialement à la tête.

Tous ces écrits fort fecs , fans áucunes vues utiles , ou philofophiques , ou ingénieufes , auroient extrêmement dégoûté l'affemblée fans l'*Eloge de M. Haller* , lu par M. Vicq d'Azyr. Cet éloge très - bien écrit , joignant les graces de la belle littérature à toutes les profondeurs de l'érudition , rempli de fenfibilité , femé de réflexions judicieufes , dictées fouvent par le goût , ou affaifonnées de fel , ne feroit pas indigne de figurer entre les meilleurs prononcés à l'académie des fciences , ou même à l'académie Françoife. Il eft vrai que le fujet étoit extrêmement riche & diverfifié.

26 *Octobre* 1778. Jeudi on a donné au théatre lyrique la premiere repréfentation de *la fpofa collerica* , *la femme colere* , opéra bouffon en deux actes de Piccini. Il a n'y que quatre acteurs dans cette piece , dont le jeu & la mufique ont été bien accueillis.

26 *Octobre*. Rien de plus naturel & de plus aimable que Louis XVI , dans fon intimité ; on en a déja vu des exemples : il vient de fe paffer tout récemment à Marly un trait pareil. Le roi revenu de la chaffe étoit à moitié habillé , mais ni rafé , ni poudré ; il s'amufoit à parcourir une carte du chemin qu'il avoit fait : le petit la Roche , premier valet de garde-robe , s'impatiente , & , dans l'efpoir qu'il n'étoit plus néceffaire
faire

faire s'en va ; S. M. s'en apperçoit, le fait rappeller, & lui demande pourquoi il fort ? « SIRE,
» je m'en allois. Je le vois bien, répond le
» roi ; mais, où alliez-vous ? —— SIRE, à la
» comédie. —— Et votre fervice, qui le fera ? »
En même temps S. M. prend des mains d'un
officier préfent fon bâton d'exempt, le donne
à la Roche, le pofte en fentinelle à une porte,
lui fait mettre fur l'épaule ce bâton, en forme
de fufil, lui place elle-même fur la tête fon
chapeau de chaffe qu'elle venoit de quitter, en
lui difant : « reftes-là. Elle paffe en même temps
dans une piece voifine pour fe rafer & fe faire
poudrer ; de temps en temps elle envoyoit voir
f'il étoit à fon pofte : revenue elle le congédie
& lui permet de fe rendre au fpectacle.

26 *Octobre* 1778. M. le comte de Lauraguais
eft exilé à dix lieues de Paris, pour donner fatisfaction à M. Necker de la lettre fpirituelle,
cauftique & méprifante de ce feigneur qu'on a
rapportée.

27 *Octobre*. On a parlé, il y a deux ans, des
inconvéniens fâcheux pour les troupes, que les
gens du métier prévoyoient, d'une nouvelle
économie fur le pain mêlé de moitié froment &
moitié feigle, avec l'extraction d'un dixieme de
fon, adoptée comme la meilleure compofition ; on
reconnoît enfin aujourd'hui qu'il eft effentiel
d'y fubftituer une nourriture plus fubftantielle,
fur-tout à la veille d'une guerre : en conféquence, fans s'arrêter à l'augmentation des dépenfes qui pourront en réfulter, il a paffé au confeil que le pain de munition fera à l'avenir
compofé d'un mélange de trois quarts de froment & d'un quart de feigle, fans extraction

de fon , à compter du 1 janvier 1779 , & que
le poids de la ration du foldat , tant dans le
royaume que dans les armées , demeurera
conftamment fixé à 24 onces cuit & raffis ; la
retenue fur la folde continuant de lui être faite
fur le pied de 24 deniers par ration , &c. Ce
nouvel arrangement ne peut que rendre M. le
prince de Montbarrey très - agréable aux troupes , & entre dans fon plan de fe faire aimer à
quelque prix que ce foit.

L'ordonnance eft du 18 feptembre 1778.

Ce qui prouve l'inftabilité de ce département,
comme des autres , c'eft une nouvelle ordonnance , qui porte augmentation dans le corps
de la maréchauffée , réduit il y a fix mois :
elle eft du 3 octobre dernier.

27 *octobre* 1778. On a vu par la réponfe du
comte de Lauraguais à monfieur Necker, que ce
feigneur fe propofoit d'écrire au comte de
Maurepas : il l'avoit fait & lui avoit envoyé
copie de la premiere. Il montre une lettre du
miniftre qui en paroît enchanté, la trouve très-
fpirituelle , très-fine , pleine de fel & de bonne
plaifanterie ; il convient qu'elle eft un peu
méchante , mais que fa gaieté doit faire paffer tout cela : il lui promet d'interpofer fes bons
offices pour empêcher qu'elle n'ait des fuites
fâcheufes.

. Depuis , M. de Maurepas a adreffé une feconde lettre au comte de Lauraguais, où il lui
parle de l'impoffibilité de parer le coup , &
l'exhorte à aller en exil , en lui promettant que
cela ne fera pas long.

Il ne faut que deux lettres pareilles pour
juger parfaitement du caractere du comte de

Maurepas. Il eft vrai que le roi a été furieux con‑
tre M. de Lauraguais , & vouloit le faire mettre
à la Baftille.

27 *Octobre* 1778. M. l'archevêque de Paris a
adreffé à M. le garde-des-fceaux un mémoire
fur le *Poëme des mois* de M. Roucher. Il pré‑
tend favoir de bonne part que cet ouvrage eft
infecté de la philofophie moderne , & , fous les
fleurs , cache un venin dangereux ; il prie le
chef fuprême de la juftice de faire veiller de
près à l'examen du poëme : en conféquence
M. de Miromefnil a envoyé à M. de Pidanfat
de Mairobert , cenfeur nommé de M. Roucher ,
les obfervations du prélat , & lui a enjoint de
s'y conformer.

28 *Octobre* 1778. Les comédiens Italiens annon‑
cent pour demain *le Financier & le Savetier* ,
comédie en deux actes , mêlée d'ariettes.

28 *Octobre*. Le fieur l'Eclufe , depuis la
clôture de la foire St. Laurent , a commencé
de rouvrir fon fpectacle chez Torré dans le
fallon de l'ambaffadeur. Sa premiere repréfen‑
tation y a eu lieu le dimanche 25 : mais il n'eft
là qu'en entrepôt , & jufqu'à ce que fa falle par‑
ticuliere foit conftruite.

29 *Octobre* 1778. La dame Molé, actrice de la
comédie Françoife , s'eft donné les airs de fe
faire attendre plus de trois quarts d'heure au
fpectacle de Marly , où elle étoit néceffaire. La
préfence de la reine a rendu cette infolence
plus fenfible ; & quoique S. M. ne voulut pas
qu'elle fût punie , M. le duc de Villequier ,
gentilhomme ordinaire de la chambre de fer‑
vice , a cru devoir envoyer cette comédienne
en prifon : elle a été mife au Fort l'Evêque ,

avec défenfe de lui laiffer voir d'autres perfonnes que fon médecin & fon mari. Ce dernier, non moins impudent que fa femme, a trouvé très-mauvais qu'on ofât lui faire un tel affront, & a demandé à fe retirer. Le duc de Villequier lui a donné quinze jours pour fe confulter, dans l'efpoir que la réflexion lui feroit perdre cette réfolution peu fage.

30 *Octobre*. 1778. Actuellement que, par la dif-cuffion, le jugement du public eft à peu près fixé fur la nouvelle chapelle de St. Sulpice; il faut revenir fur ce riche oratoire & principalement fur la coupole. En voici le fujet.

La Sainte Vierge eft affife fur un nuage au milieu d'une multitude d'Anges; dont les uns portent fes attributs, d'autres à l'oppofite for-mént un concert. Elle intercede la divinité, repréfentée par un *Jeova* dans une gloire, en faveur des paroiffiens, qui lui font préfentés par St. Pierre & St. Sulpice. Les paroiffiens font défignés par une grande multitude de peuple en priere dans la partie inférieure du plafond, ils ont à leur tête M. Olier curé, revêtu d'une aube & d'une étole, & accompagné des de-moifelles de la communauté de l'intérieur de la Sainte Vierge, qu'il avoit établie.

Sur les côtés à droite paroiffent les peres de l'églife & les fondateurs d'ordres qui ont célébré les grandeurs de Marie; à gauche les Vierges qui fe font mifes fous fa protection & qui reçoivent les palmes de la main d'un Ange.

M. Callet, connu par les plafonds du palais Spinola à Gênes, du palais Bourbon à Paris, a été chargé de réparer cette peinture à frefque du fameux le Moine; mais on lui reproche de n'avoir pas suivi l'esquisse de ce maître, & sous prétexte que ses figures ne plafonnoient pas bien, d'avoir osé le corriger : on lui reproche d'avoir substitué à l'harmonie douce, à la mélodie délicieuse de tons de ce grand homme, un cliquetis de couleurs âcres, propres à éblouir les yeux des ignorants, mais qui fatiguent ceux des connoisseurs ; d'avoir confondu toutes les masses de clairs & d'ombres, de n'avoir point détaché les objets : d'où il résulte une cacophonie insupportable, un amas indigeste de figures, qui semblent toutes prêtes à tomber à l'envi sur la tête des spectateurs.

30 Octobre 1778. Depuis que la cupidité a fait recevoir, même à la cour, les jeux de hasard réservés ci-devant pour les fêtes extraordinaires, mais tellement goûtés par la reine & les freres du roi, qu'il y a des banquiers *ad hoc*, suivant la cour, les ambassadeurs ont imaginé d'en faire autant dans leurs hôtels. Comme ils ne sont pas difficiles sur l'introduction des joueurs, la présentation exigée avant d'y paroître n'est qu'une formule vaine, qui n'empêche pas de recevoir des gens de toute espece. Comme les hôtels de ces étrangers sont sacrés, on élude ainsi les réglements, & les dernieres défenses du parlement deviennent inutiles. On croit que la police profitera de cette licence pour ramener ses maisons de jeu & y introduire des biribi ; c'est à quoi l'on travaille pour cet hiver.

30 Octobre 1778. Malgré une cabale furieuse qu'il y avoit hier aux Italiens contre la piece nouvelle du *Savetier & du Financier*, elle n'a point déplu aux connoisseurs. M. Rigal, le

(150)

musicien, a employé très-heureusement ses talents déja connus par des oratorio. Quant au poëme, d'un M. Santerre, il auroit pu être meilleur : on ne peut nier que le sujet tiré de la fable de la Fontaine, si connue & si morale, ne soit heureusement choisi.

31 Octobre 1778. M. Dorat répand un *Portrait de Voltaire en vers* qui ne plaît pas à tous ses partisans : en convenant de ses grandes qualités, il ne dissimule pas ses défauts : au reste, tout porte sur l'auteur & rien sur la personne, qu'il avoit précédemment assez maltraitée dans d'autres vers qu'il a prudemment désavoués. Voici ceux d'aujourd'hui :

Raphaël pour le trait, Rubens pour la couleur,
De la prose & des vers possédant la magie,
Ecrivain très-sensible, ou très-malin railleur,
Dans le vaste champ du génie
De chaque genre il a cueilli la fleur :
Le rire est son secret, son arme est la saillie :
Que de fois dans ces riens dont il est créateur,
Déguisant la raison sous l'air de la folie,
Sans en prendre le ton, il fut législateur !
Sachant tout embrasser, sans peine il associe
Le compas de Newton aux pompons d'Emilie ;
Même après la Fontaine il est joyeux conteur,
Même après l'Arioste il charme l'Italie ;
Il s'élève, descend, gaiement se multiplie :
Plein de grace ou de nerf, de souplesse & d'ardeur,
Il plane en aigle, en serpent se replie,
Au Plaute des François laisse la profondeur,

Et va d'un fard brillant enluminer Thalie.

Plus piquant que fidele , agréable & trompeur,

Par ses jolis romans l'histoire est embellie ;

Bien loin de se montrer scrupuleux narrateur

   Des sottises qu'il apprécie ,

Toujours en philosophe , il ment à son lecteur,

Qu'avec la vérité si souvent on ennuie ;

Et rival des anciens, autant qu'imitateur ,

   Dans l'épopée ou dans la tragédie ,

Ornant ce qu'il dérobe, il est plus qu'inventeur.

1 *Novembre* 1778. Rien de plus singulier que la contradiction du public à l'égard de *Castor & Pollux* : vendredi , jour de la sixieme repré-sentation de cet opéra , il a fallu doubler la garde pour contenir la multitude immense qui s'efforçoit de franchir & rompre les barrieres ; & cependant il n'est point applaudi , il est sou-vent huée , & les spectateurs en sortant disent que cette musique est devenue plate ! On y voit le grand nombre justifier son dégoût par les bâille-ments multipliés.

Aujourd'hui le concert spirituel sera remar-quable par Mlle. Carlin , fille cadette de l'arle-quin de ce nom : quoique aveugle dès le ber-ceau , elle a fait des progrès si merveilleux dans le clavessin , sous le sieur Romain son maître, qu'il l'a jugée en état de paroître à ce spectacle , & d'y figurer avec avantage entre les virtuoses qui s'y distinguent.

2 *Novembre* 1778. Les cordeliers , malgré leurs réclamations , sont obligés d'abandonner leur

G 4

couvent, & partie de ces religieux doit paffer aux céleftins dans ce moment - ci , le refte fuivra dès que la maifon fera difpofée pour les recevoir tous. On regarde comme décidé qu'on abattra la nef de l'églife des cordeliers , qui offufque le nouveau bâtiment des écoles de chirurgie , & qu'on y fera une petite place. La deftination du furplus n'eft pas encore bien fûre.

2 *Novembre* 1778. La lettre contre la fociété royale de médecine fait un bruit du diable parmi les docteurs ; on l'attribue affez générale- ment au docteur *le Preux* , connu par fon talent dans le genre de la méchanceté. Elle eft encore très-rare & peu de gens l'ont lue. On ne doute pas qu'il n'ait eu quelques avis du docteur Petit , dont il eft éleve.

2 *Novembre* 1778. Le caractere de M. le comte de Maurepas ne fe dément point ; même dans les accès de la goutte , il conferve fa gaieté, & les faillies partent avec autant de facilité que dans une partie de plaifir. On montre une let- tre de ce miniftre à madame la marquife de Flamarins , fa parente ; il lui marque en par- lant de fon état & en fe félicitant d'avoir la li- berté de lui écrire : *fi je ne puis plus faire la belle jambe , au moins m'eft-il permis de faire encore les beaux bras.*

3 *Novembre* 1778. La faculté de médecine an- nonce en effet une féance publique. Voici l'é- noncé des billets.

“ M. Malouin ayant légué à la faculté de » médecine, dont il étoit membre , une fomme » annuelle , aux conditions qu'elle tiendra » chaque année une féance publique pour y

» faire l'expofé de fes travaux relatifs aux pro-
» grès de l'art, & l'éloge de fes membres décé-
» dés. La faculté tiendra la premiere de ces féan-
» ces le jeudi cinq novembre 1778 , &c. »

Voilà le premier effort que la faculté va faire
pour prouver l'inutilité de la fociété royale. Du
refte , elle gémit toujours fous les défenfes les
plus rigoureufes de prendre aucune voie juridi-
que pour s'oppofer à cet établiffement , pour réfuter même les calomnies dont eft rempli le
préambule de l'arrêt du confeil qui caffe fon décret contre les membres traîtres & tranffuges
qui pafferont chez fa rivale : en forte que la
voie des écrits anonymes femble lui être devenue néceffaire , c'eft fur quoi l'on peut excu-
fer la lettre dont on a parlé. Elle avoit été précé-
cédée d'un autre , qu'on juge non moins violent
par l'épigraphe parodiée du titre d'une comédie
Italienne : *Arlequin Voleur, Prévôt & Juge.* Elle
porte *Laffone Voleur, Prévôt & Juge* , & inculpe ,
comme on voit , ce premier médecin. On dit
que celle-ci, faite fur-tout en faveur des apothicai-
res , eft au moins auffi méchante que la feconde ;
elle n'eft pas plus répandue.

4 Novembre 1778. *Caftor & Pollux* a rendu
près de 50,000 livres en fept répréfentations : ce
qui prouve avec quel empreffement il a été fuivi,
& défefpere les détracteurs de cet opéra.

5 Novembre 1778. On affure que le Sr. Pankouke ne pouvant réfifter à la clameur générale contre le *Mercure*, dont la nouvelle rédaction déplaît , en a rejeté la faute fur le Sr. de
la Harpe détefté du grand nombre des gens de
lettres, lui a ôté cette partie en chef & ne le

conferve que comme fimple coopérateur : il eft
incroyable combien la fatuité de cet auteur, qui
n'eft pas fans mérite, lui a fait d'ennemis. Il n'eft
pas jufques à un fieur Olivier de Corancès, qui,
fe mettant fur les rangs, a critiqué amérement
le journalifte fur ce qu'il a dit de Rouffeau. Ce
Corancès n'eft point littérateur, c'eft un commis aux fermes ; mais ayant époufé la fille du
fieur de Romilly, fameux horloger, le compa-
triote & l'ami de Rouffeau, il a cru devoir prendre la défenfe du philofophe Genevois, & profiter de cette occafion pour répandre plufieurs
anecdotes le concernant qu'on ignoroit.

6 Novembre 1778. La faculté de médecine
a en effet tenu hier fa premiere affemblée publique, avec tout l'appareil qu'elle a pu y mettre :
la falle étoit éclairée de plus de 100 bougies ;
il y avoit des femmes dans une vafte tribune,
le recteur de l'univerfité étoit à côté du doyen :
mais nul membre du miniftere, dont ce corps
fait gloire de ne pas dépendre. Cette féance a
encore été plus intéreffante que celle de la
fociété royale, & les nombreux travaux dont
on y a rendu compte font très-propres à faire
tomber celle-ci & à en démontrer l'inutilité.

6 Novembre. Tous les jours aux différents
fpectacles il y a des difputes relativement aux
femmes, dont les coëffures hautes mafquent
ceux qui font derriere : M. de Vifmes a fait un
réglement particulier à cet égard pour l'amphithéatre de l'opéra ; mais il ne peut avoir lieu
que relativement à celles dépendantes de lui :
quant aux comédies, les plaintes font encore
plus vives, & il faudra néceffairement que les
gentilshommes de la chambre y mettent ordre.

6 Novembre 1778. Lettre d'un sociétaire pen-
sionné , à un correspondant de province , écrite le
jour même de l'installation de la société royale
de médecine. Tel est le titre de la lettre attribuée
à M. le Preux.

7 Novembre. On connoît l'utilité des pommes
de terre qui ne coûtent presque aucuns frais de
culture , qui se multiplient dans la plus grande
abondance , qui ne répugnent à aucun sol ,
qui s'accommodent de toutes les températures
d'air , qui ne manquent en aucun temps & qui
forment pour le pauvre une nourriture saine &
peu coûteuse. Depuis quelques années on s'occupe en France à perfectionner les avantages
de cette plante liane : tout récemment le sieur
Parmentier , apothicaire des invalides , a trouvé
l'art d'en faire du pain. Derniérement M. d'Es-
pagnac a donné un grand repas , où étoient monsieur le prince de Montbarrey , M. Amelot , monsieur Necker , M. le Noir , M. Franklin , enfin
beaucoup de grands , des académiciens , des économistes & autres amateurs: on y a servi à table
d'un pain fait de ce farineux , & tout le monde
l'a trouvé aussi beau , aussi léger , aussi blanc , aussi
excellent que le meilleur pain mollet: chacun
en a pris & emporté ; l'on est convenu que dans
un temps de disette , ce seroit une ressource très-
heureuse. On ne dit point encore à quel prix il
reviendroit , & si la préparation doit être longue ,
difficile & dispendieuse , pour le porter à un tel
degré de bonté.

7 Novembre. On voit par le titre de la
lettre attribuée au docteur le Preux , qu'il introduit en scene un membre même de la société
rayale de médecine , écrivant le jour de l'ins-

G 6

tallation de cette compagnie depuis les lettres-
patentes , c'est-à-dire le 2 octobre. Il peint
d'abord la consternation de l'assemblée , lorsque
le directeur Lorry ouvrit quatre lettres portant
successivement les démissions des docteurs Bouvart, malouet , Darcet & Guenée ; une cinquieme
lettre du doyen de la faculté de médecine ,
qui annonçoit ne pouvoir ni ne devoir venir ; une
sixieme enfin du doyen d'âge , se refusant aussi à
jouir des mêmes honneurs qu'il regardoit comme
injurieux , lorsqu'on vit M. Lieutaud , premier
médecin , ne point occuper la place de premier
président. Il présage la défection prochaine d'autres membres , qui restent par un mauvais res-
pect humain : il découvre les vues d'intérêt sor-
dide qui ont dirigé cet établissement, pour s'em-
parer des permissions accordées aux charlatans ,
moyennant finance ; il reproche à M. de Lassone
l'envoi des médicaments dans les provinces dont
il s'est fait charger par le gouvernement : emploi
plus digne d'un apothicaire que d'un médecin,
mais très-lucratif; il dévoile les manœuvres de
ce médecin de cour pour asservir une partie de
la faculté & la ranger sous son empire ; il tourne
en ridicule le secretaire Vicq d'Azyr, & le suit
dans toutes ses menées pour seconder M. de
Lassone ; il attaque le plan des travaux qui n'a
rien de neuf , & pris d'un mémoire du docteur
Deslon de la faculté ; il prétend que s'il avoit
été dicté par des vues sinceres du bien public,
on auroit formé la société dans le sein même
de la faculté , justice due à six cents ans de service : il prétend qu'on a surpris la religion du
roi & de ses ministres; il réclame sur-tout contre
le coup d'autorité, obtenu à force de calomnies ,

avec lequel on eſt parvenu à ôter à un corps le
droit naturel & impreſcriptible de ſe défendre,
de porter aux pieds du monarque ſa juſtification,
à lui interdire, & la liberté de rien imprimer.

Tel eſt le réſumé de cet écrit aſſez bien fait
dans ſon genre, où il y a d'excellentes plaiſan-
teries, & calqué ſur les fameuſes *Correſpondan-
ces*, dans la maniere de décrier, de diffamer
les membres traîtres ou parjures, de les faire
revenir, rougir du moins, & par cette flétriſſure
d'empêcher la défection de ceux qui ſeroient
tentés de les imiter.

8 *Novembre* 1778. M. de la Harpe, piqué de
ſe voir enlever la rédaction en chef du *Mercure*,
& réduit par le ſieur Pankoucke aux ſimples
fonctions de coopérateur, refuſe, dit-on, les
offres de ce libraire, & a déclaré que ſa deviſe
étoit *tout ou rien*.

9 *Novembre* 1778. Jeudi dernier la faculté de médecine dérogeant, dans ſon aſſemblée publique,
à ſon uſage conſtant de ne parler qu'en latin,
tous les diſcours qu'on y a lus étoient en françois.

Le docteur Deſeſſarts, doyen, a ouvert la
ſéance par un diſcours très-bien fait, où, réſumant
en bref l'hiſtoire de la faculté, il a prétendu
que, ne devant ſon exiſtence qu'à elle-mème,
elle ſe devoit auſſi ſes progrès & ſon illuſtration ;
qu'elle avoit toujours fait profeſſion de vivre
dans la liberté & dans l'indépendance ; qu'éloi-
gnée des intrigues & des cabales elle n'avoit
jamais reçu aucune faveur de la cour, & s'étoit
mème ſouſtraite à toutes celles qu'on auroit
voulu lui accorder pour l'aſſervir : l'orateur a
laiſſé au public le ſoin de faire la comparaiſon
de ſa conduite avec celle de la ſociété royale

de médecine ; mais on a jugé que cette apologie
étoit une censure indirecte & très-sensible de
cette fille rivale insultant déja à sa mere. Il n'a
pas oublié l'énumération des services que sa
compagnie avoit rendus à la France , de ceux
qu'elle rendoit encore, & qu'elle se mettoit plus
que jamais en état de rendre par la nouvelle
forme qu'elle avoit donnée à ses assemblées, par
les travaux qu'elle se prescrit & par ses corres-
pondances universelles qu'elle s'étoit ménagées :
ce qui fournissoit une conséquence qu'ont tirée
facilement les auditeurs de l'inutilité de l'insti-
tution de la société royale. Il a gémi sur le
peu de récompenses que la faculté avoit reçues ,
sur l'oubli absolu où la mettoit le gouvernement,
au point de l'obliger de chercher un asyle ailleurs , en tenant cette assemblée dans les écoles
dè la faculté de théologie. Cet historique a
conduit l'auteur à parler de la fondation de monsieur Malouin, qui a légué une somme de 20,000 liv.
pour être employée à la destination qu'on rem-
plissoit en ce moment ; il a dit que du surplus
de la somme il seroit fondé un prix annuel propre à réveiller l'émulation & accroître les découvertes en médecine. Le sujet de celui qui sera
distribué en novembre 1779 , est de *déterminer
les avantages dans l'ordre physique , moral &
politique de l'allaitement des enfants par leur
mere.*

Le prix adjugé cette année , l'a été au docteur Goubelli , médecin à Paris & au docteur
Gastelier , Médecin à Montargis.

Le docteur Barbeu du Bourg a lu ensuite un
résumé des différentes températures d'air qui
ont régné dans chaque saison , depuis le prin-

temps 1777, & des maladies qui ont eu cours durant chacune de ces périodes.

Il a fait part encore au public des thefes fou-tenues dans les écoles de médecine durant le même intervalle, & s'eft étendu fur les plus intéreffantes, dont quelques-unes font en effet curieufes, par des vues nouvelles ou des fyftêmes finguliers.

Le Docteur de l'Epine, le doyen d'âge, a parlé auffi & prononcé un petit difcours relativement aux prix donnés & à ceux propofés.

Le doyen a repris la parole, &, pour fatif-faire à l'intention du fondateur, relativement aux éloges des membres morts de la faculté, a commencé par celui de M. Malouin; il s'eft étendu fur ce confrere diftingué, dont la vie, les travaux & les fingularités ont fourni une ample matiere à l'orateur; il y a joint les noti-ces de trois docteurs peu connus, & dont il n'a parlé que pour fatisfaire à l'ufage.

Le docteur le Preux impatient de fe fignaler, a pris la parole, il a fait part au public de l'éloge de monfieur Juffieu, de fa compofition: on l'a entendu encore avec plaifir après celui prononcé à l'académie des fciences par le marquis de Condorcet. On y a trouvé feulement trop d'ef-prit, trop de fleurs trop de manieres, trop de gentilleffes pour une affemblée auffi grave. On y a remarqué des farcafmes adroitement dirigés contre la fociété royale, qui n'ont fervi qu'à confirmer les connoiffeurs dans l'opinion que ce docteur pourroit bien avoir fait la lettre qu'on lui attribue.

Le refte de cette féance très-pleine a été rem-pli par la lecture de deux mémoires fur des

matieres de la science, utiles, mais hors de la
portée du gros des auditeurs & fort ennuyeux
conséqûemment: Le premier du docteur Mayault
fur l'alkali fluor dans les apoplexies & les af-
phyxies, fur la diffolution du favon dans le cas
où l'on auroit avalé de l'eau forte & fur quelques autres contre-poifons : le fecond, du fieur
Sallin, contenant le rapport de ce qu'a préfenté
d'ouverture du corps du fils de la dame de la
Motte & des obfervations fur les effets différents des poifons.

9 *Novembre* 1778. Les jardins de Marly font
ornés d'une infinité de ftatues qui, quoique des
copies de ce que Rome a de plus beau, font autant de chef - d'œuvres de nos fameux artiftes:
il y a quelques jours que pendant la nuit des
barbares, dont on ne peut concevoir le projet
& la méchanceté, ont mutilé prefque tous ces
monuments de fculture, & n'ont épargné que
ceux qu'ils n'ont pu avoir la force ou le temps
d'outrager.

Toute la police eft en l'air pour découvrir
les auteurs de cette étrange folie, ou jaloufie,
ou cupidité.

10 *Novembre* 1778. L'auteur de la *Lettre fur
la Société Royale de Médecine* y ajoute un *Poft-
fcriptum*, où il en promet d'autres : il cite le
mot du docteur Bourru, qui compare le régime
de cette nouvelle compagnie au régime jéfui-
tique, fuivant lequel la fociété étoit divifée en
trois claffes de fujets : les uns pour la protection, les autres pour les talents, & les derniers
pour l'attachement & le zele. Il range dans la
claffe des martyrs le jeune l'Allouette, qu'il
peint comme un benêt; il met dans la pre-

miere M. Amelot , M. le Noir : il s'égaie fur
le compte des docteurs Hallé , Colombier , Macquart , briguant des places d'affociés ; il cherche
à les faire rougir de leur lâcheté : il releve une
petite anecdote du fecretaire Vicq d'Azyr, auquel il reproche d'efcamoter quelquefois dans des
cabinets d'hiftoire naturelle les morceaux rares ,
par un goût trop exceffif des belles chofes : il
termine par le docteur Coqueraut , qu'il repréfente comme le recruteur de la fociété. Ce poft-
fcriptum eft vraîment fcandaleux & dégénere un
peu en libelle.

11 *Novembre* 1778. Le Roi a été furieux de
l'infulte faite aux monuments de fon palais de
Marly , il a déclaré au lieutenant de police qu'il
vouloit qu'il n'épargnât rien pour découvrir les
auteurs du complot , qui s'annonce par un inftru-
ment qu'on a trouvé dans les jardins , & qui eft
un témoin muet de cette machination.

12 *Novembre* 1778. L'acte de la *Provençale* remis en mufique par le fieur Candeille , fubalterne
de l'opéra peu connu , a été exécuté dimanche
fans fuccès. Heureufement on avoit laiffé fubfifter les airs charmants des ballets , qui ont fa-
tisfait les amateurs de notre mufique. Si M. de
Vifmes n'a pas réuffi en beaucoup d'innovations ,
on doit lui favoir gré au moins de la mul-
tiplicité des productions du théatre lyrique , qu'il
nous a fait paffer en revue , depuis qu'il en a la
direction , indépendamment des bouffons : jamais
le fpectacle n'avoit été auffi varié.

13 *Novembre* 1778. Les volumes 9 & 10 des
Mémoires Secrets de Bachaumont , &c. qui
commence à percer ici , quoique très-diffici-

lement encore, font toujours fort chers. Comme
ils roulent fur des anecdotes plus récentes,
puifqu'ils ne concernent que les années 1776
& 1777, ils font courus avec une avidité ex-
trême. La liberté qu'on y a prife de tout dire,
& même de nommer tous les perfonnages, leur
donne un piquant & un intérêt vif qui en font
dévorer la lecture. On fent bien que ceux - ci
ne peuvent plus être de l'auteur des premiers
volumes ; mais les rédacteurs , gens très-inf-
truits , & très au fait du courant de la ville
& de la cour , ont parfaitement faifi le genre
de ce répertoire littéraire & hiftorique. Ils ont
dans leur récit la véracité , le farcafme & la
précifion qui en font le mérite effentiel. Il eft
bien à defirer que l'on continue ce plan , dont
l'utilité ne peut que s'accroître avec le temps,
& qui rend une femblable collection fupérieure
à tous les journaux par la multitude de faits
qu'elle raffemble. (Cet article eft extrait d'une
gazette manufcrite , très-accréditée dans Paris
& dans les provinces.)

   13 *Novembre* 1778. C'eft d'hier feulement que
les cordeliers ont dû prendre poffeffion de leur
nouvelle habitation aux céleftins.

   14 *Novembre* 1778. Il paroît que les états de
Bretagne , ouverts depuis environ quinze jours ,
ne feront pas auffi orageux qu'on le craignoit,
en ce qu'on s'eft concilié avec le duc de Pen-
thievre fur l'affaire des députés. Cependant un
événement grave trouble en ce moment l'ordre de la nobleffe : M. Degré du Lau , regardé
comme un excellent baftionnaire , c'eft-à-dire ,
comme un patriote très-zélé , & qui avoit préfidé cet ordre en conféquence dans une des

tenues précédentes , avoit été nommé au commencement de celle - ci un des députés d'un
bureau. Quand il a été queſtion de s'aſſem-
bler , M. de Trémerga , l'un d'eux , a refuſé
de communiquer avec M. Degré du Lau , attendu que c'étoit un traître , & que le maréchal duc de Duras , ancien commiſſaire du roi
aux états , avoit déclaré avoir acheté ſa voix
pour 1,500 livres ; qu'il exigeoit , en conſéquence , que M. Degré ſe diſculpât avant. Le
comité troublé par cet incident , le dernier en
a demandé raiſon à ſon accuſateur , & ils ſe
ſont battus au piſtolet : M. de Trémerga a offert à ſon adverſaire de tirer le premier , comme
l'offenſé ; celui-ci a manqué ſon coup , & eſt
reſté en poſture pour recevoir le coup de monſieur de Trémerga ; mais cet ennemi généreux
a tiré ſon piſtolet en l'air , & lui a dit qu'il
lui donnoit la vie. M. du Lau touché de ce
procédé noble , s'eſt précipité dans les bras de
ſon rival pour l'embraſſer ; mais celui - ci l'a rejeté ſous prétexte de ne pouvoir être ſon ami ,
tant qu'il ne ſeroit pas lavé de l'accuſation.

M. Degré du Lau eſt à Paris pour ſavoir du
maréchal quel eſt ſon propos , s'il l'a tenu & ſur
quel fondement ?

Tel eſt le récit le plus vraiſemblable de cette
aventure extraordinaire , contée de dix manieres
différentes. On n'a point voulu le rapporter qu'il
ne fût conſtaté ; c'eſt ainſi qu'il a été envoyé au
duc de Rohan.

14 *Novembre* 1778. C'eſt au 28 de ce mois décidément qu'eſt fixée la cérémonie funebre en
l'honneur du frere Voltaire , que la loge des
Neuf-Sœurs ſe propoſe d'ordonner à ſa rentrée

folemnelle. On lui élevera un farcophage, on prononcera fon oraifon funebre, & l'on lira d'autres morceaux pour le célébrer. Tous les freres doivent être en noir, il faudroit même qu'ils fuffent en pleureufes.

15 *Novembre* 1778. On a arrêté plufieurs perfonnes foupçonnées d'avoir eu part à la mutilation des ftatues, parmi lefquelles on prétend qu'il y a plufieurs Jackeys Anglois.

16 *Novembre* 1778. Jeudi dernier on a donné à l'opéra, pour la premiere fois, *la finta Giardiniera*, ou la jardiniere fuppofée, opéra bouffon en trois actes, mufique del fignor Anfoffi, maître de chapelle Napolitain : même dégoût pour le poëme de la part des fpectateurs, & même goût pour la mufique.

La fignora Vidoli, nouvelle actrice, avoit commencé le rôle de la jardiniere, mais le public la trouva fi mauvaife dès la premiere ariette, qu'il l'obligea de quitter la fcene, & demanda à grands cris la fignora Coftanza Baglioni, qui devoit la remplacer à la feconde repréfentation. Elle étoit à l'amphithéatre, & fut forcée de monter fur le théatre en habit de ville.

L'autre, humiliée de cette préférence, & l'attribuant à M. de Vifmes, perdit la tête au point d'attaquer dans la couliffe un homme qui lui reffembloit, & vouloit le poignarder. On l'arrêta & elle fut conduite en prifon.

On a trouvé à ce fpectacle de très - belles décorations, entr'autres une d'un décorateur Italien, qui a produit le meilleur effet & l'illufion la plus complete. Elle repréfente une galerie, & eft du fieur Galliary.

16 *Novembre* 1778. Vendredi dernier le fieur
Molé & fa femme qui, depuis la prifon de celle-
ci, tenoient rigueur au public & n'avoient pas
joué, ont reparu. Mais au lieu de recevoir les
huées, ou du-moins la correction qu'ils méri-
toient, le benêt parterre les a applaudis à tout
rompre. Il n'eft pas étonnant que l'infolence des
hiftrions augmente journellement, lorfqu'on les
gâte à ce point-là.

16 *Novembre* 1778. Il y a déja quelques mois
que le miniftere de Vienne, par une vengeance
miférable, puérile & ridicule, ne pouvant répondre efficacement aux mémoires & écrits de
la cour de Berlin ou de fes partifans, inférés
dans le *Courier du Bas-Rhin* & dans le *Courier de
l'Europe*, a pris le parti d'en faire interdire l'en-
trée & la lecture dans tous les états de l'impératrice reine. Ces deux Gazettes font très-recher-
chées pour l'intérêt, la véracité & l'énergie de la
premiere, exaltée par Me. Linguet même, fort
fobre de louanges, & pour les détails curieux,
étendus & rapides qu'on recueille dans la feconde
concernant les affaires d'Angleterre, ce qui n'a
dû qu'accroître la démangeaifon de les avoir.

Le roi de Pruffe a cru devoir prendre enfin
fait & caufe pour la premiere gazette imprimée
dans fes états: en conféquence, le 3 de ce mois,
ufant d'une récrimination légitime, il a rendu
une ordonnance, où il défend très-févérement
à tous fes fideles fujets de faire venir, introduire ou débiter dans fes états les gazettes
françoifes des villes de Bruxelles & de Cologne, ainfi que celles allemandes de Cologne,
de Francfort fur le Mein, & autres qui paroif-

fent fous la dénomination de *gazettes du bureau général des poftes impériales* ; fous peine d'une amende de 50 ducats , chaque fois , en cas de contravention.

La défenfe eft motivée fur ce que depuis le commencement de la guerre actuelle , plufieurs rédacteurs de gazettes étrangeres , en s'écartant conftamment & d'une maniere peu convenable des regles d'impartialité que leur prefcrit leur état & leur devoir public , fe font rendus coupables envers le gouvernement du roi de Pruffe.

17 *Novembre* 1778. Heureufement pour monfieur Roucher que M. Pidanfat de Mairobert , cenfeur de fon poëme *des Mois* , eft un philofophe qui , quoique fage & circonfpect , eft en même temps judicieux & très-ferme. Tout autre à fa place auroit fans doute été effrayé de l'orage que le fanatifme élevoit fur la tête du poëte & peut être fur la fienne ; il l'a bravé ; il a répondu à M. *le Camus de Neville* qui lui avoit écrit de la part de M. le garde-des-fceaux , il lui a fait voir que l'auteur des inculpations avoit abufé de la confiance de monfieur l'archevêque , qu'il n'étoit nullement queftion de religion dans le poëme , & que toutes les inductions qu'on vouloit tirer de certains paffages étoient forcées , puériles , ridicules, & fur-tout calomnieufes & de mauvaife foi. On affure que cette défenfe de M. Roucher eft un petit chef-d'œuvre de logique.

18 *Novembre* 1778. Tout le monde a fu l'événement arrivé au jeu de Marly , de ce rouleau de louis faux fubftitué à un véritable. C'eft un moufquetaire réformé , nommé *Dulugues* , qui étoit l'auteur de cette fraude ; il a été arrêté

& enfermé : on affure qu'il avoit été préfenté
le matin. Cette police eft, fans doute, très-
bien faite ; mais il feroit à defirer qu'on l'éten-
dît aux duchefſes, qui journellement efcro-
quent les joueurs crédules leur confiant leur
argent. Cette filouterie fe pratiquoit dès le temps
du feu roi, qui en avoit pris plufieurs en fla-
grant délit & les avoit averties ; mais comme
il n'y a rien de fi impudent que les femmes
de cour, au moyen de l'impunité elles conti-
nuera. Derniérement *madame* difoit à meffieurs
de Chalabre & Poinçot, les banquiers du jeu de
la reine : « on vous friponne bien, Meffieurs.
» —— *Madame*, nous ne nous en appercevons
» pas », lui répondirent-ils par décence : mais
ils s'en apperçoivent très - bien & n'ofent le
manifefter.

19 *Novembre* 1778. La reine jouit de la meilleure fanté, mais ne fort plus de fon appartement : pour que S. M. puiſſe jouir du fpectacle durant cet intervalle & après fes cou-
ches, on parle d'élever un théatre intérieur
dans la partie de la galerie qui regne depuis
la porte de l'œil de bœuf jufqu'à la porte de fon
appartement.

On parle de fignaux qu'on prépare pour
qu'en trois heures la cour de Vienne foit inftruite de l'accouchement de S. M. Ces fignaux
s'exécuteront par des coups de canon, fi le vent
le permet ; ou l'on y fuppléera par des feux al-
lumés de diftance en diftance.

20 *Novembre* 1778. Le dégât de Marly n'eft
pas auffi confidérable qu'on l'avoit craint : il
n'y a que dix morceaux d'endommagés, dont
feulement deux de prix, *les Lutteurs & le*

Méléagre ; ce qui annonce que les brigands qui ont commis cette barbarie n'étoient pas connoiſſeurs. Tout le ravage a été fait à la chûte du jour & en une demi-heure. On avoit choiſi le jour de la fête du lieu, où les cabarets étoient pleins de peuple.

20 *Novembre* 1778. Le Sr. Bellecour vient de mourir ; c'eſt une perte pour la comédie Françoiſe dans le haut comique. Il étoit frappé depuis la mort de le Kain, ſon ami, & d'ailleurs atteint d'une paſſion malheureuſe pour la Dlle. Vadé, ſa camarade, qui d'abord ſenſible à ſes avances, lui faiſoit depuis des infidélités journalieres.

21 *Novembre* 1778. Le chevalier Gluck eſt arrivé de Vienne avant-hier : il apporte avec lui deux opéra nouveaux & travaille à un troiſieme. On ſait déja que l'un des trois eſt *Iphigénie en Tauride*.

22 *Novembre* 1778. Ce qui a rendu le ſieur Bellecour plus ſenſible aux infidélités de Mlle. Vadé, c'eſt qu'il ſe ruinoit pour elle, que tout récemment il venoit de lui acheter une maiſon à la barriere Blanche, & qu'à peine y avoit-elle été inſtallée & eu la propriété aſſurée, que, par une ingratitude horrible, elle lui en avoit fait fermer la porte.

22 *Novembre* 1778. Vendredi dernier, d'ouzieme repréſentation de *Caſtor*, la ſalle s'eſt trouvée pleine comme à l'ordinaire, & plus s'il eſt poſſible. Les corridors regorgeoient de trois cents ſpectateurs, & l'on en avoit refuſé davantage à la porte. Le contraſte de la fureur pour aller à ce ſpectacle, avec le froid & l'ennui qui regnent dans l'aſſemblée eſt étonnant.

&

(169)

& il faut voir par ses yeux cette merveille pour y croire.

23 *Novembre* 1778. Les comédiens François ont donné avant-hier la première représentation d'une comédie nouvelle en quatre actes & en vers, ayant pour titre : *Le Chevalier François à Turin* ; & d'une autre en trois actes & en vers, *le Chevalier François à Londres*. Ces deux pieces sont de M. Dorat. Le *Chevalier François* est ce fameux comte de Grammont, dont Hamilton a donné des mémoires si plaisants. L'auteur ayant ouvert les yeux le matin sur la hardiesse de sa double entreprise & sur sa mauvaise exécution, avoit voulu retirer ces comédies, ou du moins une ; mais monsieur le Noir s'y est opposé, & a prétendu que le public étant averti depuis trois jours, & disposé à cet événement, il falloit en subir le sort. Il a été des plus cruels, & monsieur Dorat a essuyé une bordée générale de huées sans interruption, à peu près pendant six actes. Madame la comtesse de Beauharnois, sa maîtresse, seule dans la loge de l'auteur, en prenant la défense, applaudissoit de son mieux, crioit contre la cabale.

M. Dorat ne s'est pas apperçu d'abord que ce sujet étoit contre les bonnes mœurs absolument ; en second lieu, qu'il étoit sans action ; enfin que le charme qui regne dans le roman consistoit dans des plaisanteries si délicates, qu'il étoit presqu'impossible de le transporter sans les gâter. C'est ce qui est arrivé ; de l'ouvrage le plus ingénieux & le plus gai, il en a résulté deux pieces froides, insipides & ennuyeuses au possible.

23 *Novembre*. L'animosité ne faisant que

Tome XII.   H

s'accroître entre la faculté & la société royale
de médecine , la premiere paroît difposée à
mettre oppofition à l'enrégiftrement des lettres-
patentes que la feconde a obtenues. Depuis la
rentrée du parlement fes commiffaires fe re-
muent , fondent les magiftrats & préparent leur
attaque. La faculté eft d'autant plus furieufe,
qu'ayant établi un comité de correfpondance
générale avec les médecins du royaume & les
étrangers , monfieur de Laffone , par fon
crédit, lui a fait interdire de fait cette correfpondance, par le refus du contre-feing dont elle avoit
befoin pour le tranfport & renvoi des paquets.

23 *Novembre* 1778. Les comédiens Italiens
doivent donner aujourd'hui la premiere repréfentation du *Départ des Matelots*, comédie mêlée d'ariettes : on la dit du chevalier de Rutlidge
& relative aux circonftances actuelles.

24 *Novembre.* 1778. Le *Départ des Matelots* ,
joué hier , n'a eu aucun fuccès, & n'eft pas
digne de fon auteur. Quoiqu'en effet il ait rap-
proché dans cet ouvrage tout ce qui pouvoit
plaire au miniftere & à la nation, on ne lui en
en a pas fu plus de gré, & l'aventure de Bouffard,
& la lettre de M. Necker, & la naiffance d'un
dauphin pronoftiquée dans un des couplets du
vaudeville de la fin, n'ont pas mieux réuffi.
L'affectation de faire parler le marin, principal
perfonnage , fa langue , & prendre toutes fes
aliégories dans fon art, a fur-tout beaucoup
déplu au parterre ; n'entendant rien aux termes
techniques du métier. La mufique a femblé
très-médiocre ; elle eft d'un compofiteur qui n'a

point encore paru , & qui ne donne pas par cet
essai une haute idée de son talent.

Le Savetier & le Financier a eu quelques
représentations depuis qu'on en a parlé , mais
ne va que très-médiocrement & avec les secours
des meilleures pieces. L'auteur est en effet monsieur Lourdet de Santerre , maître des comptes ,
qui passe pour avoir eu part aux pieces de madame
Favart , & même à quelques-ùnes du mari, avec
lesquels il vivoit en commun , ainsi que l'abbé
de Voisenon. Ce poëte de société avoit composé l'ouvrage en question pour celle d'une madame de Bondi , riche financiere , donnant dans
le bel esprit ; elle a forcé la modestie de monsieur de Santerre à se montrer en nom sur la
scene italienne, & son amour-propre n'est pas à
se repentir d'avoir cédé aux instances de cette
belle, & à celles de ses amis.

Voilà trois nouveautés tombées en bien peu de
temps aux Italiens ; il est question de plusieurs
autres qui vont avoir lieu incessamment.

15 *Novembre* 1778. Les banquiers du jeu de
la reine, pour obvier aux escroqueries & filou-
teries des femmes de la cour qui les trompent
journellement, ont obtenu de sa majesté qu'avant
de commencer , la table seroit bordée d'un
ruban dans son pourtour, & que l'on ne regar-
deroit comme engagé pour chaque coup que
l'argent mis sur les cartes au-delà du ruban. Cette
précaution préviendra quelque friponneries , mais
non celles exercées envers les pontes crédules
qui confient leur argent aux duchesses , &
que plusieurs nient avoir reçu lorsque leur
carte gagne.

25 *Novembre.* Les protestants sont dans

H 2

l'attente de ce qui va fe paffer , & l'on a tout lieu de croire qu'ils vont obtenir enfin un état légal en France : le parlement continue à s'en occuper fous l'influence du miniftere ; on a gagné plufieurs prélats , & la faveur de monfieur Necker , jointe aux follicitations du docteur Franklin au nom des *Etats - Unis de l'Amérique* , eft plus que fuffifante pour étouffer les clameurs du clergé.

26 *Novembre* 1778. A l'occafion de l'accouchement de madame la comteffe de Strogonoff qui a fait baptifer fuivant le rit Grec fon enfant , qui eft une fille , un auteur , dont on ne dit pas le nom encore , a adreffé l'épître au mari , intitulée : *le Baptéme à la Grecque*, & inférée précédemment ; elle eft très-bien faite & fort plaifante ; les dévots n'en rient pas cependant , ni les femmes ; mais il faut la prendre pour un pur jeu d'efprit.

27 *Novembre* 1778. Le nouveau journal de monfieur le Fuel de Méricour avoit pris cours en effet à Londres , fous ce titre , & a duré pendant quelques mois : on apprend que la mort a terminé la trifte vie de cet homme de lettres , qui n'étoit pas fans mérite , mais qui s'étoit attiré beaucoup d'ennemis par une grande caufticité.

27 *Novembre*. Il vient d'arriver d'Angleterre une gravure politique , que fa hardieffe empêchera de mettre en vente , avant qu'on y ait fait quelque correction. On y voit dans le lointain une bouillote de thé avec un grand feu deffous que fouffle un *Coq* , qui défigne fenfiblement la *France* par une fleur de lys dont il eft furmonté : il s'éleve de la bouillote

une épaisse fumée qui souleve le bonnet de la
liberté. Les *Insurgents* à la droite le reçoivent,
& à la gauche sont les *Anglois* qui s'enfuient
emportant un joug brisé. Dans la partie inférieure & sur le devant est le *Temps*, un globe
à ses pieds qu'il roule à son gré : dans son mi-
roir lumineux il fait voir ce grand événement
& ses suites aux quatre parties du monde :
l'*Europe* & l'*Asie* sont représentées par deux
belles femmes, avec tout ce qui caractérise le
luxe & la mollesse de l'une, le génie & les arts
de l'autre : l'*Afrique* est figurée par un negre,
& l'*Amérique* par un sauvage. Cette estampe
allégorique est très-bien frappée, il y regne
beaucoup d'ordre, de netteté, & un caractere
original & singulier, qui ne laisse pas mécon-
noître le lieu où elle a pris naissance.

28 *Novembre* 1778. On commence à aller voir
chez M. Greuze un tableau faisant suite de
celui de la *Malédiction paternelle*. Le pere in-
fortuné a succombé à sa douleur : le fils arrive
dans ce moment ; la mere lui montre le cadavre, & il paroît en proie à ses remords & à sa
douleur : les autres enfants remplissent & se-
condent chacun dans leur genre cette scene tou-
chante. Tel est le fond de l'action, dont on
parlera plus au long quand le jugement des connoisseurs sera fixé.

29 *Novembre* 1778. La cérémonie funéraire
dont la *Loge des Neuf Sœurs* se proposoit d'hono-
rer la mémoire du frere Voltaire, en suppléant
en quelque sorte ainsi à celle que lui avoit
refusée l'église, a eu lieu hier, jour indiqué.
Pour la rendre plus solemnelle, monsieur
d'Alembert devoit se faire recevoir maçon avant,

H 3

& y repréſenter l'*académie Fcançoiſe* en la perſonne de ſon ſecretaire ; mais le grand nombre
de ſes membres très-circonſpects a craint qu'après
tout ce qui s'étoit paſſé , cette démarche ne ſcan-
daliſât , ne réveillât la fureur du clergé, n'indiſ-
poſât la cour ; c'eſt devenu la matiere d'une
délibération de la compagnie , qui a lié ce
philoſophe , quoique très-indiſcrétement il eût
donné ſa parole en particulier. La loge déſolée
de ne pouvoir faire cette acquiſition , en a été
un peu dédommagée par le peintre Greuze, très-
utile aux travaux dans ſa partie.

Après la célébration des *myſteres*, interdite aux
profanes , on a fermé la loge & l'on s'eſt tranſporté dans une vaſte enceinte en forme de temple, où la fête devoit ſe célébrer. Le vénérable
frere Lalande , les freres Franklin & comte
de Strogonoff, ſes aſſiſtants , ainſi que tous les
grands officiers & freres de la loge étant entrés pour faire les honneurs de l'aſſemblée, le
grand-maître des cérémonies a introduit les
freres viſiteurs deux à deux , au nombre de plus
150 : un orcheſtre conſidérable dans une tribune
jouoit, pendant cette marche, celle d'*Alceſte* :
il a exécuté enſuite différents morceaux de
Caſtor & Pollux , & tout le monde étant en
place, le frere abbé Cordier de Saint-Firmin,
agent-général de la loge , & celui auquel
on doit l'imagination de la fête , eſt venu
annoncer que madame Denis & madame la
marquiſe de Villette deſiroient recevoir la faveur de jouir du ſpectacle : la permiſſion accordée , ces deux dames ſont entrées , l'une
conduite par le marquis de Villette & la ſe-
conde par le marquis de Villevieille. Elles n'ont

pu qu'être frappées du coup d'œil imposant du local & de l'assemblée, qui étoit restée décorée de ses différents cordons *bleus*, *rouges*, *noirs*, *blancs*, *jaunes*, &c. suivant les grades.

Après avoir passé sous une voûte étroite, on trouvoit une salle immense tendue de noir dans son pourtour & dans son ciel, éclairée seulement par de tristes lampes, avec des cartouches en transparents, où l'on lisoit des sentences en prose & en vers, toutes tirées des œuvres du frere défunt. Au fond se voyoit le cénotaphe.

Les discours d'appareil ont commencé. Le vénérable a d'abord fait le sien, relatif à ce qui alloit se passer : l'orateur de la loge des *Neuf-sœurs*, frere Changeux, a parlé après lui un peu plus longuement : frere Coron, l'orateur de la *Loge de Thalie*, affiliée à celle des *Neuf-Sœurs*, a débité son compliment de mémoire, &, quoique plus court, il a paru le meilleur ; enfin frere la Dixmerie a commencé l'éloge de Voltaire. Il a suivi la méthode de l'académie Françoise, & a lu son cahier, ce qui refroidit beaucoup le panégyriste & l'auditoire. On y a observé quelques traits saillants, mais peu de faits & point d'anecdotes. Frere la Dixmerie s'est étendu trop amplement sur les œuvres de ce grand homme, qu'il a disséquées en détail, & n'a point assez parlé de la personne. Nulle digression vigoureuse, nul écart, nul élan ; on voyoit que l'auteur, continuellement dans les entraves, ne marchoit qu'avec une circonspection timide, qui l'obligeoit de faire de la réticence sa figure favorite. Le seul endroit où il se soit animé & ait mis un peu de chaleur, ç'a été dans son apostrophe aux ennemis fougueux de fon héros, où, après avoir dit tout ce qui pouvoit les toucher, les attendrir : *si fa mort enfin ne vous réduit pas au filence*, a-t-il ajouté, *je ne vois plus que la foudre qui puiffe en vous écrafant vous y forcer!* A l'inftant des coups redoublés de tonnerre d'opéra fe font entendre; le cénotaphe a difparu ; & l'on n'a plus vu dans le fond qu'un grand tableau repréfentant *l'apothéofe de Voltaire.* On auroit defiré que, par une heureufe adreffe, on eût en même temps fait fuccéder à la décoration lugubre de la falle, une décoration brillante & triomphale.

Frere Roucher a terminé la féance, en déclamant un morceau du mois de *Janvier*, de fon *Poëme des Mois.* Il faut fe rappeller la perfécution excitée déja contre fon ouvrage, quoiqu'il ne foit pas encore imprimé : fon zele contre le fanatifme s'eft animé, & lui a fait enfanter la tirade en queftion relative à la mort de Voltaire, & au refus de l'enterrer ; il a comparé cette injuftice avec les honneurs accordés aux cendres d'un prélat hypocrite, d'un miniftre concuffionnaire : dans ces deux portraits il a défigné fenfiblement le cardinal de la Roche-Aymon & l'abbé Terrai, morts peu avant, & a fini par annoncer que *toute la terre où repoferit la cendre de Voltaire, feroit une terre facrée.*

Où repofe un grand homme, un Dieu doit habiter.

Un enthoufiafme général a faifi tous les fpectateurs tranfportés ; on a crié *bis*, & il a fallu qu'il recommençât. On ne fait comment le

clergé & le gouvernement prendront ce morceau ; on craint qu'il ne mérite à l'auteur l'ani-
madverfion de l'un , & la vengeance implacable
de l'autre.

. 30 *Novembre* 1778. M. Dorat , indocile aux
fifflets du public , a hafardé encore fes deux pieces.
La feconde fois qu'elles ont été données , il avoit
fupprimé un acte de la premiere & un rôle
entier de la feconde , outre plufieurs autres
élaguements & coupures. Il a imaginé enfuite
de les faire jouer féparément: enfin on affure
qu'il va débarraffer le fpectacle abfolument d'une ,
qui eft la premiere , le *Chevalier François à
Turin :* fon amour-propre , étrangement humilié ,
cherche ainfi à faire une retraite prudente qui
lui facilite l'indulgence de parterre.

1 *Décembre.* 1778. L'établiffement que forment
aujourd'hui à Chaillot les freres Perier pour
procurer de l'eau aux fauxbourgs & quartier
Saint-Honoré , où elle refluera de ce vafte ré-
fervoir , n'eft que la premiere opération de leur
entreprife très difpendieufe. Ils font heureufement fecondés par une compagnie de gens opu-
lents qui font les fonds.

1 *Décembre.* M. de Vougny , appellé *l'ou-
gny Maurepas ,* à caufe de l'amitié tendre que ce
feigneur & fa femme ont pour lui , eft un
particulier riche , fans état , mais très-affairé
pour les autres qui ont recours à lui & qu'il
oblige de fon mieux. Son grand plaifir eft de
faire beaucoup de chemin en peu de temps ,
il y a peu de jours où il n'ait fes 20 ou 30
lieues pardevers lui. Mardi , fe rendant à l'enterrement de madame le Gendre , belle-mere

de M. Amelot , le cousin-germain de M. de
Vougny , il arriva tard ; on étoit dans le chœur
à faire l'office , il ne vit point la fosse sur son
chemin , tomba dedans, se cassa la jambe &
s'évanouit ; heureusement le fossoyeur y étoit &
le retira.

Cet événement funeste a bientôt été su de
tout Paris : les princes du sang ont envoyé chez
M. de Vougny , les ministres y sont venus ; il
s'est inscrit 400 personnes sur sa liste , & cette
lecture l'a réjoui. Parmi les femmes les plus dis-
tinguées de la cour , on y trouvoit des laïs de
toute espece dont il est le protecteur. On espere
lui conserver la jambe.

1 *Décembre* 1778. Par une circonstance re-
marquable qu'on a oubliée dans la relation de
la fête funéraire célébrée en mémoire de M. de
Voltaire, il est à observer que c'est au noviciat
des jésuites, où vingt loges de franc-maçons
se sont établies , & entr'autres celle des *Neuf-
Sœurs*, qu'elle a eu lieu. Les bons peres se-
feroient - ils jamais attendus à cette bizarre
destinée d'un des principaux berceaux de l'ordre ?

1 *Décembre*. Pour donner plus d'importance
à la fête de la *Loge des Neuf-Sœurs* , outre
M. d'Alembert, messieurs le marquis de Condorcet & Diderot devoient s'y faire recevoir
aussi : tous trois ont manqué.

Madame Denis a touché 150,000 livres de la
vente de la bibliotheque de M. de Voltaire à
l'impératrice de Russie : c'est le prix qu'y a mis
cette magnifique souveraine ; elle y a joint
des fourrures de la plus grande beauté & une
lettre très-flatteuse. On doit ajouter aux livres

toutes les lettres originales qu'on pourra faire imprimer & autres manuscrites qui ne seroient pas dans le même cas. Madame Denis a seulement demandé permission d'en garder copie.

L'impératrice des Russies desire en outre des plans exacts & dans tous les sens du château de Ferney : elle se propose d'en faire construire un pareil dans un de ses châteaux de plaisance & d'y élever un monument à la mémoire du philosophe ci-devant seigneur du lieu.

La place de M. de Voltaire à l'académie Françoise reste encore vacante, & la compagnie ne semble pas disposée à lui donner de si-tôt un successeur ; on la croit toujours en négociation avec le ministere pour le service d'usage à faire aux cordeliers.

En attendant, M. d'Alembert l'a en quelque sorte remplacé par Moliere, dont il a fait placer le fameux buste par Houdon à l'académie. Quand il a été question d'y mettre une inscription, quelqu'un avoit proposé d'écrire *Moliere de l'Académie Françoise après sa mort*, & cette phrase avoit été retournée dans tous les sens : on a préféré ce vers de M. Saurin :

Rien ne manque à sa gloire, il manquoit à la nôtre.

2 *Décembre* 1778. M. l'archevêque s'est toujours opposé à la destruction des célestins de Paris, & a apporté à cette opération de la commission concernant les réguliers, tous les obstacles qu'il a pu. Voyant que la translation décidée des cordeliers dans la maison des autres religieux alloit la consommer sans retour, il a cru devoir témoigner authentiquement son

H 6

improbation. En conféquence il a déclaré au gardien des cordeliers, quand il eſt venu lui faire part de l'ordre du roi, qu'il reſpectoit fort les ordres de ſa majeſté ; mais que tous ceux qui iroient dans le nouveau couvent feroient interdits : ce qu'il a exécuté à l'égard de ſix religieux qui y ſont déja.

2 *Décembre* 1778. C'eſt l'abbé Durouzeau à qui l'on attribue la piece intitulée, *le Baptême à la Grecque* : il eſt particuliérement attaché au comte de Strogonoff, & tout le monde ſait qu'il eſt l'auteur de l'*Eloge de Catherine*, qui a paru ſous le nom de ce ſeigneur Ruſſe, dont on a ſi fort exalté le talent d'écrire auſſi bien dans notre langue.

3 *Décembre* 1778. On voit dans le *Mercure* du 15 novembre un éloge du docteur *Queſnay*, le chef de la ſecte des économiſtes, par monſieur d'Alembert. Quoiqu'il ne ſoit qu'un réchauffé de celui lu à l'académie des ſciences par M. de Fouchy, la ſociété libre d'émulation iſſue de ce maître, fondée ſur ſes principes, & diſpoſée à les propager, a délibéré de députer vers le panégyriſte pour le remercier. En conféquence monſieur le marquis de Senneterre, l'un des préſidents de la ſociété, y eſt allé & s'eſt acquitté de la reconnoiſſance de ſa compagnie.

3 *Décembre* 1778. Les comédiens François doivent jouer inceſſamment *Œdipe chez Admete*, nouvelle tragédie de M. Ducis, déja exécutée à la cour, mais avec un ſuccès équivoque.

4 *Décembre* 1778 Le ſieur Gudin, prôneur infatigable de ſon ami Beaumarchais, lui a adreſſé, il y a quelque temps, une épître en vers inſé-

rée dans le *Courier de l'Europe* sous son nom, en parlant du grand-conseil ci-devant métamorphosé en parlement ; il y a mis ce vers :

D'un Sénat avili la balance vénale.

Ce tribunal a regardé comme une insulte une pareille imputation ; après avoir donné à l'auteur le temps de se rétracter, il l'a décrété de prise-de-corps, & a fait saisir & annoter ses meubles.

Le sieur de Beaumarchais cherche à échauffer le parlement en faveur de son panégyriste, & voudroit un conflit de jurisdiction.

5 *Décembre* 1778. Le projet concernant l'éducation & l'enseignement des sourds & muets est absolument passé au conseil le 21 du mois dernier. Ce sera M. l'abbé de l'Epée qui aura la direction de l'établissement, qui se formera par la commission concernant les réguliers, & sera doté d'une portion des biens provenant de la destruction des célestins. Quant aux arrangements ultérieurs pour parvenir à son exécution, deux commissaires, messieurs Taboureau & l'évêque de Rodez, sont chargés d'y veiller en particulier. L'arrêt du conseil paroît.

5 *Décembre*. *Œdipe chez Admete*, nouvelle tragédie de monsieur Ducis, a eu lieu vendredi. Cet auteur, impatient de jouir de sa gloire, a vu avec indignation que s'il attendoit son rang, il languiroit encore long-temps ; comme il a l'honneur d'être secretaire des commandements de *monsieur*, il a profité de la faveur de ce prince pour être demandé à la cour & joué ; tournure qui l'a fait devancer ses camarades.

peu contents de ce paffe-droit ; au refte, fa
piece mal faite au fond, a des fcenes d'une grande
beauté, qui ont valu à M. Ducis un fuccès
brillant.

6 Décembre 1778. Quoique *monfieur* ne faffe
encore rien qui annonce fon projet d'habiter
le Luxembourg, on fait cependant qu'il s'en
occupe férieufement, & qu'il eft grandement
queftion de réunir à ce palais le vafte terrein
des chartreux y contigu ; il eft de 160 arpents.
On a déja propofé à ces folitaires de les tranf-
férer au fauxbourg Saint-Marceau, & de leur
fournir un local pareil, avec un édifice où ils
trouveroient tout ce qu'ils abandonneroient dans
le premier.

Une compagnie fe préfente pour rebâtir un
nouveau palais à fon alteffe royale, qu'on recu-
leroit jufqu'au parterre actuel du jardin ; ces
meffieurs fe récupéreroient fur des maifons
qu'ils auroient la liberté d'élever dans certaines
portions du terrein: la mife dehors feroit de
quinze millions.

6 Décembre 1778. C'eft le fieur Grimm, miniftre plénipotentiaire du duc de Saxe-Gotha,
qui a fait pour l'impératrice des Ruffies l'achat de
la bibliotheque de Voltaire, & c'eft dans fon fuperbe parc de Czarskozelo que doit être bâti
le château pareil à celui de Ferney, avec toutes
fes attenances & dépendances. Il y fera élevé
un Mufœum, dans lequel on arrangera les livres
dans l'ordre où ils étoient placés. Le fieur Va-
nieres, fecretaire du défunt, doit fe rendre à
Pétersbourg à cet effet. La ftatue du maître s'élevera au milieu.

Cette fouveraine a joint aux préfents qu'elle

a fait remettre à madame Denis , une lettre
écrite de sa main , en date du 15 octobre : la
suscription est *pour Madame Denis , niece d'un*
grand homme qui m'aimoit beaucoup. Cette épître
singuliere est un monument à conserver.

    " Je viens d'apprendre , Madame , que vous
   consentez à remettre entre mes mains ce dépôt
   précieux que M. votre oncle vous a laissé ,
   cette bibliotheque que les ames sensibles ne
   verront jamais sans se souvenir que ce grand
   homme sut inspirer aux humains cette bienveillance universelle que tous ses écrits , même
   ceux de pur agrément , respirent , parce que
   son ame en étoit profondément pénétrée.
   Personne avant lui n'écrivit comme lui ; il
   servira d'exemple & d'écueil à la race future.
   Il faudroit unir le génie & la philosophie aux
   connoissances & à l'agrément , en un mot ,
   être M. de Voltaire , pour l'égaler. Si j'ai par-
   tagé avec toute l'Europe vos regrets , Madame ,
   sur la perte de cet homme incomparable , vous
   vous êtes mise en droit de participer à la re-
   connoissance que je dois à ses écrits. Je suis ,
   sans doute , très - sensible à l'estime & à la
   confiance que vous me marquez ; il m'est
   bien flatteur de voir qu'elles sont hérédi-
   taires dans votre famille. La noblesse de vos
   procédés vous est caution de mes sentiments
   à votre égard.

    " J'ai chargé M. Grimm de vous en remettre
   quelques foibles témoignages , dont je vous
   prie de faire usage. "

[*Signé*]. CATHERINE.

7 *Décembre* 1778. Quoique la tragédie de M. Ducis ait le mérite bien rare aujourd'hui de tenir de la fimplicité des anciennes, cependant il a été obligé, pour donner quelque chofe au goût moderne de compliquer deux fujets dans un : celui d'*Œdipe* à *Colonne*, de *Sophocle* ; & celui d'*Alcefte*, d'*Euripide* : il a tâché de les fondre & de les amalgamer de fon mieux ; ce qui n'empêche pas que l'intérêt divifé n'en fouffre en fe partageant & changeant fréquemment d'un acte & même d'une fcene à l'autre.

Les furies, divinités de la *Theffalie*, où elles avoient un temple, avoient exigé qu'*Admete*, roi de ces contrées, fe facrifiat pour le falut de fon peuple. Son époufe *Alcefte* confent à s'immoler à fa place ; *Œdipe* repouffé par-tout, furvenu dans ces circonftances, en reconnoiffance de l'hofpitalité qu'il trouve auprès d'*Admete* & d'*Alcefte*, fe dévoue & fauve la vie à tous deux.

Polinice, fecond fils d'*Œdipe*, frere d'*Etéocle*, roi de *Thebes*, chaffé du trône, fe réfugie à *Pherès* & demande du fecours à *Admete* ; ce qui occafione fa rencontre avec fon pere & produit la belle fcene du cinquieme acte, où *Polinice* inftruit par fes propres malheurs, s'attendrit fur le fort de fon pere, fe répand, eft déchiré de remords, s'efforce d'obtenir fon pardon, & n'y parvient qu'après avoir épuifé toutes les reffources que peut faire naître cette fituation. *Antigone*, fille d'*Œdipe*, accompagnant & guidant fon pere, intercédant pour fon frere, ne contribue pas peu à augmenter l'intéêt.

Le grand défaut de l'auteur eft de filer trop fes fcenes, de les affoiblir en les prolongeant,

& de laiffer long-temps avant prévoir la cataftrophe; ce qui en a fait manquer tout l'effet :
d'ailleurs , elle tient beaucoup de l'opéra par
un fpectacle à machines , peu propre à maintenir
l'illufion du fentiment. Tout le premier acte ,
uniquement en defcriptions poétiques , n'expofe
rien. Le fecond & le quatrieme font foibles &
languiffent , & le dénouement eft de commande
& poftiche.

8 *Décembre* 1778. Un accident arrivé au fieur
Monvel, l'un des acteurs de la nouvelle tragédie ,
au moment où il fortoit de la fcene après avoir
achevé fon rôle , a retardé la feconde repréfentation , & a donné le temps à l'auteur de
faire des améliorations & fur-tout de raccourcir ;
car il peche principalement par des longueurs
& des répétitions qui ne finiffent pas. Son ftyle
eft auffi vicieux en beaucoup d'endroits , par
une bouffiffure qu'on lui reproche depuis long-
temps , & dont il ne s'eft pas encore tout-à-fait
corrigé.

9 *Décembre* 1778. Les paillards honteux de
cette capitale , peu alarmés de la derniere ordonnance de police concernant les filles publiques , parce qu'ils ne croyoient pas qu'elle
fût mife en exécution , commencent à s'en
plaindre amérement depuis qu'ils fe voient à la
veille de manquer de cette denrée par les enlé-
vements confidérables qu'on en fait. Mais le
libertinage & la corruption font portés à un
point fi exceffif, qu'il faudroit bien d'autres remedes pour en tarir la fource.

9 *Décembre.* Les coméd ens Italiens , féconds
en nouveautés depuis quelque temps , annoncent encore pour demain le *Porteur de Chaife.*

comédie parade en deux actes , mêlée d'ariettes.

10 *Décembre* 1778. Il paroît deux mémoires
intéreſſants dans les circonſtances actuelles, relativement à des différends élevés concernant les
priſes.

L'un pour les ſieurs Riſteau pere & fils ,
négociants à Bordeaux , propriétaires & armateurs du navire l'*Iſabelle* , &c. contre Daniel
Maknil, capitaine du corſaire le *Général Mifflins*
de Portſmouth en Amérique. Il eſt de Me. de
Chabans avocat , & l'on y agite la queſtion ,
non moins importante pour les deux nations
alliées que pour les réclamants , ſi un navire
François *envahi par un pirate , délivré ſans
combat par l'apparition d'un corſaire Américain ,
& rentré au même inſtant ſous le commandement
de ſon capitaine qui l'a conduit dans un port
de France , & qui eſt entré dans ce Port avec le
pavillon François* , appartient à ſes armateurs
& à ſes propriétaires légitimes , ou au corſaire
Américain ?

L'autre, pour les ſieurs Bouffer pere & fils , &
conſorts , armateurs du navire l'*Aquilon* , contre M. le procureur-général au conſeil royal
des priſes , roule ſur le tiers de ce navire,
adjugé par le conſeil des priſes aux vaiſſeaux du
roi le *Vengeur* & la *Belle-poule*. Ce qui donne
lieu à demander ſi les loix du royaume accor-
dent encore les droits de *recours* ou de repriſe
aux vaiſſeaux de ſa majeſté ? Si les ſecours que
ces vaiſſeaux prêtent au commerce maritime
doivent ſe payer en argent , récompenſe que les
ordonnances réſervent aux corſaires particuliers ? Ce dernier mémoire eſt de Me. d'Amours,
avocat.

10 *Déoembre* 1778. L'académie royale de mu‑
fique a fait exécuter fur fon théatre le lundi 7
de ce mois, par extraordinaire, la premiere re‑
préfentation de *la Buona Figliola*, oppéra bouf‑
fon en trois actes del fignor Piccini. On con‑
noiffoit déja la mufique de cette piece jouée aux
Italiens, mais adaptée à des paroles françoifes :
quoique celles-ci ne fuffent pas merveilleufes,
elles avoient le mérite d'être dans notre langue
& réduites à un volume moins confidérable
pour le récitatif & moins ennuyeux que tous
les opéra bouffons que nous connoiffons. Les
enthoufiaftes de cette mufique la préferent dans
fon état naturel ; ils prétendent qu'elle a ainfi
plus de caractere , que les airs y font mieux
adaptés aux perfonnages & aux fituations, qu'en
un mot elle produit infiniment plus d'effet en
original qu'en parodie.

11 *Décembre* 1778. Le concert fpirituel fe fou‑
tient & s'améliore continuellement , depuis
que le fieur le Gros en a la direction ; il y jette
même une forte d'intérêt difficile à trouver dans
un fpectacle comme celui-là , froid & fans action.
Un *Oratorio* , dont le poëme eft de monfieur Gil‑
bert , & la mufique de M. le Moine , intitulé
le *Vœu de la patrie* , avoit attiré beaucoup de
monde & a été fort applaudi ; mais on a fur‑
tout été enchanté de madame Todi, cantatrice
qui a réuni tous les fuffrages pour la beauté
de fa voix, pour fon chant facile & plein de
graces , & plus encore pour l'exécution de
certains paffages de gofier imitant les inftru‑
ments, mais ne produifant de la part des autres
que l'admiration ftérile d'efforts , heureux à
vaincre des difficultés dont malheureufement le

fpectateur s'apperçoit toujours. Madame Todi, uniquement occupée de feconder le compofiteur, de rendre l'expreffion muficale, n'a aucune prétention aux tours de force, & féduit plus qu'elle n'étonne ; on croiroit qu'on va chanter comme elle.

11 *Décembre* 1778. Voici le fait qui a donné lieu à la conteftation qu'élevent les fieurs Rifteau. L'*Ifabelle*, navire qu'ils avoient armé avant la guerre, revenant de la Guadaloupe fous les ordres du capitaine Dubray, étoit parti de cette ifle pour Bordeaux le 29 juin 1778, avec une cargaifon de fucre, de café & de coton, fous l'efcorte du *Prothée*, qui l'abandonna, comme les autres, à la hauteur des ifles Bermudes.

Le 2 Août il fut rencontré par une Goëlette Angloife de 14 canons ; le capitaine, après l'avoir vifité, lui dit qu'*il n'avoit pas ordre de prendre les François*.

Le 19 du même mois il fût arrêté par un Guernéfien, dont le commandant lui dit qu'*il n'étoit pas fûr qu'il fût de bonne prife, & qu'il ne l'arrêtoit que fur le dire d'un Hollandois forti de Bordeaux depuis trois jours, qui lui avoit appris que la guerre étoit déclarée avec la France avant fon départ.*

Le 22, le Guernéfien apperçut le corfaire du fieur Maknil, portant pavillon Américain ; il ne jugea pas à propos de l'attendre, il abandonna fa prife, détenue pendant trois jours.

Alors le capitaine Dubray, ceffant d'être au pouvoir du Guernéfien, reprit fon commandement ; le fieur Maknil lui donna les fecours dont il avoit befoin, offrit de l'efcorter, en

l'engageant cependant de faire route pour l'Orient
où alloit le Boftonien.

Après avoir mouillé *battant pavillon François* ,
il paffa à bord du fieur Maknil pour le remercier:
celui-ci répondit qu'il étoit *charmé de lui avoir
rendu fervice*: mais un inftant après , fur une
converfation qu'il eut avec le fieur Maillan , fe
difant agent du congrès , il prétendit que ce
navire lui appartenoit comme prife faite fur le
Guernéfien , & fit fa déclaration en confé juence
le 31 août au greffe de l'amirauté.

Les fieurs Rifteau , en réclamant leur propriété au bureau des prifes , avoient par reconnoiffance offert au fieur Maknil le tiers du navire & de fa cargaifon ; mais l'adverfaire les a
refufées : il s'eft oppofé au jugement qui avoit
reçu lefdites offres , & l'inftance a été évoquée
au confeil.

.11 *Décembre* 1778. *Le Porteur de Chaife* eft du
fieur Monvel : il a été joué hier avec les meilleures difpofitions du public ; mais il n'a pas été
poffible de trouver bonne cette comédie parade ,
où il y a cependant de très-jolis morceaux de
mufique. Celle-ci eft du fieur Défaides , le compofiteur ordinaire du poëte.

12 *Décembre* 1778. Il réfulte trois queftions
du fait expofé concernant l'inftance des fieurs Rifteau , pendante au confeil.

1°. Un navire , dont le capitaine n'a pas de
lettres de marque pour faire la courfe contre les
fujets d'une puiffance ennemie , peut-il faire des
prifes légirimes ?

2°. Un navire pris & abandonnné à la vue d'un
navire fupérieur , appartient-il au capitaine de

ce dernier navire , quoiqu'il n'en ait pas pris
poffeffion , & l'ait laiffée reprendre par le capitaine des premiers propriétaires.

3°. Dans le cas d'une reprife , les avantages
qui en réfultent , doivent-ils être déterminés
par les loix du capteur ou par les loix des propriétaires ?

On répond à la premiere queftion que le Guernéfien étant un pirate , puifqu'il avoit envahi le navire l'*Ifabelle* fans droit , fans y être autorifé par
des lettres de fon fouverain , fon invafion étoit illé-
gitime , & ne pouvoit porter aucune atteinte lé-
gale à la propriété des fieurs *Rifteau.*

On répond à la feconde , que même , en
fuppofant que le navire eût été de bonne prife
pour le Guernéfien , le Boftonien , faute d'avoir
pris poffeffion du navire repris , foit à la maniere
des Anglois , foit conformément à ce que pref-
crivent les réglements faits pour les corfaires
François , doit être deftitué d'une prétention qui
n'eft plus fondée que fur les actes de violence
qu'il a commis dans le port.

On répond enfin à la troifieme , que le capteur
doit fe conformer aux loix de fon pays , les
feules qu'il connoiffe ; & que les fieurs Rifteau
en offrant à leur adverfaire le tiers du navire &
de fa cargaifon , lui avoient accordé tout ce
qu'ils pouvoient dans l'hypothefe la plus favorable où le fieur Maknil puiffe être placé.

Ce procès fingulier & important , bien propre
à exercer la fagacité du confeil , n'eft pas encore
jugé.

13 *Décembre* 1778. Au moment où les bons
patriotes fe flattoient que les proteftants alloient

recouvrer enfin un état légal en France par le
concours de la magistrature avec le ministere,
& même avec des membres philosophes du clergé,
le parlement a reçu défenses de s'en occuper. Le
roi a envoyé chercher le premier préfident,
il lui a dit que fa fageffe lui fuggéroit de différer
en cette occurrence l'exécution d'un projet qu'il
defiroit, mais pour laquelle le moment n'étoit
pas venu, & qu'il attendoit de l'obéiffance de
fon parlement que la matiere ne feroit point
mife en délibération aux chambres affemblées,
qu'il ne lui ait fait connoître fes intentions par
une loi expreffe.

On croit que la crainte d'indifpofer le clergé,
lorfqu'on eft fur le point de lui demander un
fecours extraordinaire, a été le motif de cette
variation du gouvernement. Quant au roi, on
fait qu'il eft, perfonnellement, peu zélé pour
ou contre relativement à la religion, fur laquelle
les mauvais documents du duc de L*** d'une
part, & les maximes philofophiques du comte
de Maurepas, de M. Turgot, de M. Necker
de l'autre part, lont réduit à une parfaite indifférence.

14 *Décembre* 1778. On connoît déja l'objet de
la contestation de MM. Bouffé contre les capi-
taines du *Vengeur* & de la *Belle-poule*. Mais on
ne favoit pas fur quoi fondés, les commiffaires
leur avoient adjugé le tiers du bâtiment.

C'eft le 28 feptembre que l'*Aquilon*, commandé par le capitaine Lavignebuiffon, revenant de l'Inde, à 70 lieues de l'ifle de Grouais,
fut attaqué par un corfaire Anglois qui fe dif-
pofoit à l'amariner, lorfque le vaiffeau du roi
le *Vengeur* & la frégate la *Belle-poule*, attirés

par le bruit du combat, parurent avant le jour
& prirent le corfaire, eftimé environ 300,000
livres. Ils convoyerent l'*Aquilon* jufqu'à l'ifle de
Grouais, & le 5 octobre il entra au port de
l'Orient libre, & fans que les commandants de
ces vaiffeaux euffent rempli aucune des formalités qui annonçât leur prétention au droit de
recouffe. Depuis, ayant formé leur demande le
21 octobre, fans entendre les armateurs, eft
intervenu un jugement au confeil des prifes,
par lequel on donne main-levée du navire, *en
payant néanmoins préalablement le tiers dudit
navire, agrèts & appareaux, & de fon charge-
ment, aux fieurs comte d'Amblimont & de la Clo-
cheterie, pour droit de recouffe.*

Les armateurs de l'*Aquilon* ont préfenté leur
requête au confeil royal des finances, pour être
reçus appellants de ce jugement : un arrêt rendu
le 8 novembre reçoit leur appel, &c.

14 *Décembre* 1778. M. l'abbé Xaupi, le plus
ancien des abbés de France, vient de mourir à
92 ans, encore eft-ce par un accident, il s'eft
caffé la cuiffe en montant en carroffe. Il étoit
doyen de la faculté de théologie de Paris & de
Navarre : il étoit, comme beaucoup de fes confreres, croyant peu à ce qu'il enfeignoit, mais
obligé de garder l'extérieur ; il avoit pris parti
pour le janfénifme, & s'étoit fait des querelles
très-vives avec fon corps, qui lui avoit fait interdire fes affemblées.

M. l'abbé Xaupi étoit en outre homme de
lettres, érudit, philofophe ; c'étoit un coopérateur de la fociété de madame Doublet, & avoit
beaucoup travaillé à ces notices, qui ont fait la
bafe des *Mémoires Secrets de Bachaumont*, &c.

fi

fi rares & fi recherchés. On doit trouver dans
fes manufcrits des chofes très - précieufes en
pareil genre. (Cet article eft extrait d'une gazette
manufcrite très-accréditée dans Paris.)

M. d'Arget, envoyé de Liege, dont on a
annoncé l'accident il y a plufieurs mois, vient
de fuccomber enfin, victime de la malheureufe
opération qu'il avoit fubie.

14 Décembre 1778. *Caftor & Pollux*, à fa dix-
huitieme repréfentation, avoit déja rendu plus
de 100,000 livres de recette.

M. de la Harpe, excédé des querelles qu'il
s'attire ici avec tout le monde, paroît tenté d'y
faire diverfion par un voyage en Ruffie. Mais
s'il a lieu, ce ne fera que dans quelques mois.
En attendant on affure qu'il s'eft rapatrié avec
le fieur Pankouke, & au lieu de 6,000 livres
il en aura 3,000 livres pour préfider à la rédaction
du *Mercure*.

15 *Décembre* 1778. M. de Cailhava ne renonce
point à faire recevoir fa comédie des *Journaliftes* : il prétend l'avoir préfentée fucceffivement à
quatre cenfeurs qui tous l'ont trouvée très-joua-
ble, mais, par crainte du reffentiment des arif-
tarques baffoués, n'ont ofé figner leur approbation. Le poëte cherche aujourd'hui des protecteurs à la cour, & follicite un ordre du roi qui
mette l'approbateur à couvert ; il a eu recours
au comte Jules de Polignac.

15 *Décembre*. Outre les confidérations géné-
rales qui s'élevent en faveur des propriétaires de
l'*Aquilon*, tirées de la crainte que le gouvernement doit avoir de décourager le commerce,
fi les fecours qu'il reçoit de la marine royale ne
lui font pas accordés avec le même défintéreffe-

ment qu'il éprouva fous les regnes de *Louis XIV*
& de *Louis XV*, ils établiffent deux propofitions
plus péremptoires : 1°. Dans le fait , leur navire
n'étoit pas pris lorfqu'il a été fecouru. 2°. Dans
le droit, il ne feroit dû aucune recouffe aux
vaiffeaux du roi. 3o. Enfin les magiftrats ont
pris fur eux de faire revivre, en faveur du roi,
un droit auquel Louis XIV & Louis XV avoient
renoncé , non-feulement par le filence de leurs
ordonnances, mais encore par des difpofitions
folemnelles , & que Louis XVI même par de
nouvelles loix fur la marine avoit affecté de ne
pas rappeller ; ils ont excédé leur pouvoir , & la
puiffance légiflative a feule droit de faire des loix
fifcales.

16 *Décembre* 1778. M. d'Alembert, fort fatis-
fait d'avoir réuffi dans les deux coups fourrés
qu'il a portés au clergé en faveur de Voltaire,
commence à convenir qu'il a eu long-temps peur
qu'ils ne manquaffent : aujourd'hui il fe prévaut
du filence du gouvernement & triomphe. Ces
deux coups fourrés font l'arrêté de ne point
ordonner le fervice d'ufage pour aucun confrere
avant qu'on eût célébré celui de l'académicien
anathématifé ; & l'éloge propofé publiquement
de cet impie & propofé en vers, afin d'éviter la
formalité des cenfeurs de la faculté de théologie qui auroient pu chicaner les candidats. Mais
que de peines, que de délais , que d'anxiétés ne
lui a pas coûté ce double projet ! Il a été plus
de fix femaines a épier le moment favorable.
Il faut, pour qu'une délibération de l'académie
Françoife foit valable , être douze unanimes ; il
s'eft fouvent vu ce nombre de cabalants réunis,
mais avec de faux freres, dont il craignoit la

pufillanimité, ou l'indifcrétion, ou la fureur.

Pour mieux favorifer fon plan de defpotifme dans fa compagnie fans affectation, le fecretaire a imaginé depuis quelque temps d'avoir chez lui trois fois par femaine, au fortir de la féance, de petits conventicules, où l'on met au jour, l'on prépare, l'on combine, l'on direge toutes les délibérations propres au fuccès de fes entreprifes ; on appelle ces affemblées les *foirées de M. d'Alembert*. Elles remplacent les *converfations* de M. de Foncemagne au Palais-Royal ; converfations tombées depuis que ce vieillard menace ruine : elles étoient une foible émanation des *journées de madame Doublet*, dont il avoit été long-temps membre & acteur.

16 *Décembre* 1778. Dans l'affemblée des chambres qui a eu lieu hier au parlement, cette compagnie, docile aux infinuations données à fon premier préfident au fujet des délibérations fur l'affaire des proteftants, a arrêté de s'en rapporter à la fageffe du roi.

17 *Décembre* 1778. L'animofité ne fait que s'accroître entre la faculté & la fociété royale de médecine. Celle-ci continue à mettre en ufage tout le crédit de fon fondateur, M. de Laffone, pour prévenir les divers efforts que l'autre voudroit faire contr'elle : tout récemment encore craignant qu'un comité de 24 docteurs, nommés par la faculté pour s'affembler entr'eux & conférer fur les objets de fpéculations de cette fcience, n'acquît de la confiftance & ne rendît fes travaux fuperflus, elle lui a fait défendre par ordre du roi de s'affembler. Ce dernier coup de defpotifme a indigné les zélés, & l'un d'eux s'eft permis une *Chanfon hiftorique* fur

un air vieux , & un *Noël nouveau* , fur l'air *tous les bourgeois de Chartres* : il a trompé toute la vigilance de la police , & ces deux vengeances poétiques font imprimées : chaque membre de la fociété a fon lardon dans le noël , & eft peint d'une maniere peu flatteufe & vraie , à ce qu'aſſurent ceux qui font au fait des perfonnages & des anecdotes.

Il paroît auſſi un imprimé fur la même matiere : *Lettre du Signor Miracolofo Fiorentini , à monfieur Paulet , Docteur Vindebonien , membre de la Société Royale de Médecine , auteur de l'admirable & inimitable gazette de fanté.* Elle eft datée du 18 novembre.

17 *Décembre* 1778. Le poëme de *la Buona Figliola* eft du fieur Goldoni , & conféquemment a un enfemble que n'ont point les autres opéra bouffons ; ce qui ne contribue pas peu à faire valoir la mufique. Elle continue d'avoir le plus grand fuccès , & le mérite. Le premier jour on demanda le fieur Piccini , ce qui n'étoit encore arrivé à ce fpectacle que pour le fieur Floquet ; il parût & il fut applaudi à tout rompre ; le fecond jour il a cru devoir fe refufer au même empreſſement.

17 *Décembre*. Quoique monfieur *Vaugny Maurepas* ne foit pas un homme à bons mots , & quoiqu'une jambe caſſée dût naturellement les arrêter chez le plaifant le plus fécond , on raconte que celui-ci , au moment où le foſſoyeur lui a offert de le remonter , lui a répondu qu'il acceptoit volontiers fon fecours , qu'il ne vouloit prendre la place de perfonne. On continue à s'entretenir beaucoup de lui dans les converfations , & fa lifte eft toujours furchargée d'une

quantité de noms de toute espece ; en sorte qu'une grande partie de la journée , en y joignant les commentaires , se passa à la lire.

Madame la comtesse de Maurepas est venue le voir , il y a quelques jours , & desirant lui apporter quelque chose d'agréable , elle a pressé le prince de Montbarrey de la charger d'une croix de Saint Louis pour le frere de M. de Vaugny. Celui-ci avoit servi autrefois dans le régiment des Gardes , mais obligé de vendre son emploi , il y a 10 ou 12 ans , par inconduite , il avoit perdu tout motif de l'obtenir. Malgré cela le ministre de la guerre n'a eu garde de refuser cette dame , & cette récompense a été accordée.

Les Dlles. Heynel & Guimard sont venues en députation chez ce protecteur de la part des consœurs de l'opéra , & le sieur de Vismes ne manque pas de lui rendre compte chaque jour des nouvelles de son tripot. Il va à merveille , a la tête très-libre , & soutient très-philosophique-ment son état.

18 *Décembre* 1778. On parle beaucoup d'un *Eloge de Voltaire par le Roi de Prusse.*

18 *Décembre.* En attendant que la reine ac-couche , on s'entretient de son accoucheur Ver-mont , qu'on est toujours fâché de voir chargé de cet emploi. On rappote des faits de son ignorance & de sa barbarie , qui font frémir: mais ont rit plus volontiers de ses balourdises & de sa grossiéreté. Derniérement S. M. se plaignoit d'être plus grosse qu'on ne doit l'être dans son état : « c'est que vous êtes *ventrue* , madame , » a-t-il répliqué. Une autre fois la reine se plai-gnoit de sa gorge volumineuse : « c'est que vous » êtes naturellement *tettonniere.* »

I 3

On affure que S. M. pour s'amufer, a envoyé
chez un charlatan nommé *Printems*, qui, par
les urines, prétend connoître fi une femme
groffe aura un garçon ou une fille. On lui a
caché qui étoit la perfonne qui le confultoit;
après fon examen il a répondu que ce feroit un
mâle; alors on lui a déclaré qu'il auroit le cordon
noir, s'il avoit pronoftiqué jufte. Ce Printems
eft un foldat qui, d'abord l'oracle du peuple,
eft devenu infenfiblement un docteur de confidération.

19 *Décembre* 1778. Le fignor *Miracolofo Fiorentini*, qu'on fait écrire à M. Paulet, eft un
nom générique fous lequel on repréfente tous
les empiriques, arcaniftes, charlatans, médecins
étrangers qui, par la compofition & les objets
exclufifs des travaux de la nouvelle fociété
royale, vont triompher fous fes aufpices. La
qualité de docteur *Vindebonien* qu'on donne à
M. Paulet, eft relative à une ânerie qu'on lui
reproche, en ce que, dans fa traduction du traité
de la petite vérole de Rhazès, il traduit le mot
latin de *Vindebonna*, qui veut dire *Vienne*, tout
uniment par celui de *Vindebonne*.

Le Rob-Anti-Syphilitique du Sr. l'Affecteur,
ancien infpecteur des vivres, prôné avec em-
phafe par cette fociété royale dès fon origine, eft
la matiere d'un des reproches les plus graves
qu'on lui fait; on veut que la cupidité feule ait
excité certains docteurs, & fur-tout M. Paulet, à
le prendre fous leur protection & à lui reconnoître un mérite qu'il n'a pas; ce qui donne lieu
à la révélation d'une foule de faits & d'anecdotes
peu honorables pour ces meffieurs.

On plaifante le docteur Paulet fur fon ouvrage

contre l'inoculation, & sur son système d'arrêter l'introduction de la petite vérole dans un royaume, aux barrieres, comme de la contrebande, ainsi que sur la maniere de préserver des épizooties par de fréquentes & abondantes absolutions d'eau : sa *Gazette de Santé* est aussi tournée dans le plus parfait ridicule, par des louanges ironiques de la sagacité, de l'exactitude, de l'impartialité du rédacteur, de la simplicité & de la bonhommie de son style.

M. de Lassone n'est point oublié, & après avoir de nouveau rappellé quelques traits de son insatiable avarice, on dévoile la suite de ses manœuvres contre la faculté de médecine, afin d'empêcher sa défense & ses réclamations ; manœuvres dans lesquelles le seconde merveilleusement le secretaire Vicq d'Azyr, qui s'est trahi lui - même en avouant qu'il ne croit pas plus à la médecine qu'à la religion, quoiqu'il ait 10,000 livres de pension du gouvernement pour croire à la premiere. On veut que, dans une épizootie de moutons, il ait égorgé tous ceux soumis à son examen par des saignées réitérées, afin qu'ils ne mourussent pas de la clavelée.

On doit juger aisément par cet exposé de quelques paragraphes de la lettre, combien elle est piquante, ou plutôt sanglante contre les docteurs, plastrons des sarcasmes de l'anonyme. Il paroît trop bien instruit des vies & mœurs de ses confreres, pour qu'on ne le juge pas membre de la faculté; il prodigue des citations de la fable & des poëtes Latins, qui l'annoncent également pour un homme de lettres ; & dans le contexte de l'ouvrage on remarque

I 4

une tournure maligne dans la maniere du docteur le Preux : en forte qu'on ne peut guere
d'outer qu'il ne foit un autre fruit de fa fécon-
dité & de fon zele amer contre les docteurs
de fa compagnie.

Décembre 1778. La premiere des deux chan-
fons n'eft à proprement parler qu'une introduction à la feconde : elle roule fur l'origine, la
formation, l'accroiffement de la fociété royale
de médecine, fille dénaturée qui, après avoir
calomnié la faculté, fa mere, l'affaffine. On
peint d'abord M. de Laffone, bas Normand
& chef du complot, qui s'affocie M. Vicq
d'Azyr, Cadedis de Carpentras, & le met à
la tête de fix conjurés. Vingt autres, amorcés
par l'efpoir des dépouilles de cette pauvre faculté, fe joignent aux premiers, mais ne re-
cueillent que de la honte & de l'infamie ; les
bons lots avoient été pour leurs devanciers :
on prédit enfin à tous ces traîtres le jufte fup-
plice qu'ils obtiendront tôt ou tard.

Dans le noël fuivant on paffe en revue les
membres de la fociété, fans en omettre aucun,
& tous ont leur lardon : outre meffieurs de
Laffone & Vicq d'Azyr, qu'on fait encore revenir fur la fcene, on repréfente le fils du premier, ainfi que les docteurs Lalouette & Chan-
feru, comme trois ânes ; le docteur la Porte,
comme un taquin ; les docteurs Jeauroy &
Thouret, comme deux perfonnages enlevés par
foibleffe ; le docteur Lafoffe, comme un con-
folateur doucereux : on reproche au docteur
Poiffonnier fon bavardage, fon ambition & fa
vengeance ; au docteur Lorry, fon amphigouri,
fon langage précieux & maniéré ; au docteur

Hallé, fa perfidie ; au docteur Poiffonnier Defpérieres , fes propres orduriers ; au docteur Juffieu, fa cupidité ; à l'abbé Teffier , fon maquignonage & fes tracafferies ; au docteur Caille, fa mifere qui le rend bas & vil ; au docteur le Roi, fon ardeur d'acquérir des pratiques ; au docteur Macquer fon infamie : on n'oublie pas de révéler la collufion mercenaire des docteurs Audry & Paulet avec le charlatan l'Affecteur ; on plaifante le docteur Bouquet fur fa prétendue découverte du favon , comme contrepoifon de l'eau-forte ; le docteur Geoffroy fur les hannetons , le docteur Mauduit fur fes opérations électriques : on termine par les docteurs Coquereau, Macquart & Colombier ; l'un eft le racoleur de la troupe , les deux autres font regardés comme ramaffés pour faire nombre feulement & au défaut d'autres.

On ne peut que gémir fur la difcorde affreufe ainfi excitée entre des perfonnages graves & aufteres, qui devroient fe refpecter davantage, & ne pas renouveller entr'eux ces antiques & méprifables querelles des favants *en us.*

20 *Décembre* 1778. M. le gouverneur de Paris a , fuivant l'ufage, dépêché un de fes pages à la ville pour lui annoncer les premieres douleurs de la reine ; fur quoi elle s'eft affemblée à l'hôtel-de-ville & y a attendu avec impatience l'événement ; il a enfuite envoyé fon capitaine des gardes lui apprendre que la reine étoit accouchée d'une fille. Le roi, rentré dans fon appartement , a chargé un des officiers de fes gardesdu-corps du même meffage. Quoique ce ne foit pas un dauphin , le même cérémonial a été obfervé , & les préfents ont eu lieu pour ce

I 5

qu'on appelle *l'ouverture du ventre*, ce qui ne
fe réitéroit pas une feconde fois.

20 *Décembre* 1778. M. le marquis de Villette ,
devenu poffeffeur de la terre de Ferney, a cru
devoir aux habitants de cette colonie par Voltaire , une continuation de foins & de protection : en conféquence il a pris les mêmes moyens
qui ne feront peut-être pas auffi efficaces, & a
adreffé une *requête poétique à M. Necker , directeur-
général des finances , pour les habitants de Ferney*. Il y a des idées , des images & des vers
ronflants.

21 *Décembre* 1778. Pour entretenir l'heureufe
fermentation excitée en France en faveur des proteftants , au défaut de fecours plus efficaces ,
on vient de répandre une nouvelle brochure intitulée : *Réflexions d'un Citoyen Catholique fur les
Loix de France relatives aux Proteftants.*

21 *Décembre* 1778. C'eft par un arrêt du confeil que le comité de la faculté de médecine a
été fupprimé. On dit que la faculté , indignée
de cet acte de defpotifme , a fermé fes écoles, &
que l'univerfité va intervenir pour cette fille
perfécutée.

22 *Décembre* 1778. Quoique les zélés du parlement pour le rétabliffement des proteftants
dans les droits de citoyens aient manqué leur
coup par la foibleffe du miniftere & les vues
politiques de la cour, ils ne font pas décou-
ragés cependant , & ils fe flattent de pouvoir
l'emporter avant peu.

23 *Décembre* 1778. Les comédiens Italiens
donnent aujourd'hui la premiere repréfentation
des *Fauffes apparences* , ou *l'Amant jaloux* ,
comédie en trois actes en profe , mêlée

riettes. Les paroles font de M. d'Hell, Anglois, l'auteur du *Jugement de Midas* ; & la musique du Sr. Gretry. Cette piece a été jouée le mois dernier à la cour avec beaucoup de succès , & le nom des auteurs est de très-bon augure.

24 *Décembre* 1778. Le tribunal général de l'inquisition tint le 24 novembre 1778 un acte secret , dans lequel comparut comme accusé le Sr. *Paul olavides* , assistant de *Séville* & Sur-intendant des nouvelles colonies de la Sierra Morena.

On procéda au rapport de son affaire , qui dura depuis huit heures du matin jusqu'à midi & demi. Les griefs fondés sur ses excès & son libertinage , étoient renfermés dans 170 articles d'une part & 70 d'une autre , sur le témoignage de 78 témoins.

Ayant été déclaré hérétique dans toutes les formes , il se présenta en cette qualité tenant en main une torche de cire verte & surchargé de la croix de Saint André , dont néanmoins M. le grand inquisiteur lui fit grace. Il fut con-damné à la confiscation de tous ses biens , à huit ans de clôture dans un couvent , pendant la premiere année desquelles il devra jeûner les vendredi , si sa santé le lui permet , ce qui sera remis à la décision d'un directeur éclairé qu'on lui nommera pour le fortifier dans la pratique de ses exercices & l'instruire de la religion chrétienne : il lui fut enjoint de faire réguliére-rement ses prieres du matin & du soir , de lire le *Guide des Pécheurs* du révérend frere Louis de Grenade , de réciter tous les jours à genoux le rosaire , ainsi qu'un *credo* : il fut déchu de tous ses titres & charges , & déclaré incapable

I 6

d'en posséder jamais aucune ; défenses d'user à l'avenir de vêtements de soie, de velours, de tissus d'or & d'argent, ni de galons & de porter des pierreries : ordre au contraire de s'habiller en drap jaune du plus commun ; défenses également de monter à cheval ni de porter des armes : on prononça ensuite son bannissement perpétuel de Séville, de toutes les maisons royales de Madrid, des nouvelles colonies, & Lima, lieu de sa naissance, où il prit le grade de docteur.

On lui fit faire en qualité d'hérétique une abjuration solemnelle, il fut absous de l'excommunication & réconcilié suivant toutes les formalités prescrites par les saints canons ; à l'effet de quoi se présenterent quatre prêtres en surplis, ayant chacun une poignée de verges à la main ; dont ils le frapperent sur les épaules suivant la cérémonie d'usage, pendant qu'on récitoit le pseaume *Miserere*. Il fit sa profession de foi & fut interrogé sur plus de trente articles de croyance.

Dès que les deux secretaires eurent fini de lire la procédure, au moment où l'on prononça ces mots, *nous le déclarons atteint & convaincu d'héréfie*, le sieur Olavidès tomba en syncope de dessus la sellette : il ne perdit cependant pas connoissance ; on lui donna de l'eau & du vin, ce qui le rétablit & le mit en état d'entendre sa sentence, à la suite de laquelle il fit sa profession de foi, baigné de larmes & poussant des gémissements qui firent bien augurer de son repentir. Ses erreurs sont en grand nombre & des plus extravagantes, provenant de ce qu'il n'a pas voulu croire au sixieme

commandement, ni à l'exiftence d'un enfer
deftiné à en punir les violemens ; chofes qui
lui firent concevoir une haine implacable contre le clergé féculier & régulier, ce qui a été
en lui le fruit de fes rapports & relations avec
Voltaire & Roufleau. On le dépouilla de l'ordre de St. Jacques dont il avoit été décoré.

Le comité qui affifta à ce jugement, étoit
compofé des ducs de Grenade, d'Hixar, d'A-
brantes, du comte de Mora, du comte de la
Corogne, de trois confeillers de Caftille, deux
des finances, deux du confeil des Indes, deux
des ordres royaux, & un du département de
la guerre ; de l'abbé de Saint-Martin, avec
deux de fes moines, du prieur de l'Efcurial,
de l'abbé de St. Bazile, de deux trinitaires,
de deux religieux de la merci, du pere Cante-
nas capucin, de plufieurs prêtres décorés, &
de plufieurs chevaliers de l'ordre royal & diftingué de Charles III.

24 Décembre 1778. La comédie Françoife a
donné avant-hier fon fpectacle *gratis*, en ré-
jouiflance de l'*ouverture du ventre de la Reine*.
Les poiffardes & les charbonniers, formant les
deux premieres corporations de la populace, étant
arrivés tard ont été arrêtés par la garde, qui leur
a déclaré qu'il n'y avoit plus de place; ils ont trouvé
ce propos très-mauvais, & ont demandé pourquoi l'on avoit laiffé occuper les loges du roi
& de la reine, qui en pareille cérémonie leur
appartiennent de droit ? Grande rumeur ! il a fallu
appeller le femainier, & la troupe des comédiens s'étant affemblée pour délibérer, on a re-
connu par la compulfation des regiftres la légiti-
mité de leur réclamation. Pour y fuppléer on a

mis des banquettes fur le théatre de chaque
côté , où les charbonniers ont pris place du côté
du roi , & les poiffardes du côté de la reine.
Avant de commencer un charbonnier a lu un
papier qu'il tenoit , c'étoit un bulletin de la
fanté de S. M. : ce qui a donné lieu à des
danfes de joie & à des propos dignes des inter-
locuteurs. Enfin la tragédie de *Zaire* a commencé,
& toute l'affemblée a été dans le plus grand
filence , & a parfaitement goûté les beautés de
fentiment de cet ouvrage.

24 *Décembre* 1778. Les *Fauffes apparences* ou
l'*Amant jaloux* , ont eu hier le plus grand
fuccès aux Italiens, tant pour le poëme que
pour la mufique. Le premier eft dans le vrai
caractere Efpagnol , & il y a apparence que
l'ouvrage eft tiré de quelque roman ou comédie de cette nation ; quant à l'autre , elle lui
eft parfaitement analogue & digne du génie du
compofiteur.

25 *Décembre* 1778. On ne doute pas aujour-
d'hui que M. Ducis ne foit l'heureux qui fiégera
dans le fauteuil académique de M. de Voltaire.
Le fuccès de fa tragédie , la faveur de *monfieur* ,
& l'invitation qu'il a reçue de la compagnie
de fe mettre fur les rangs , tout lui affure fon
élection prochaine , & il s'en vante déja affez
indifcrétement, il eft vrai.

25 *Décembre.* Perfonne ne connoiffoit guere
la *Satire des Satires* avant que Me. Linguet en
parlât dans fon No. XXIX ; & comme après
avoir lu le long article qu'il en fait , on ne la
connoît guere davantage , il a excité la curiofité générale.

Cet opufcule poétique , enrichi de notes har-

dies, n'eſt pas ſuſceptible d'être vendu publiquement, & il ne s'eſt pas même vendu ; c'eſt
un M. de la Reyniere, fils du fermier-général,
diſgracié de la nature dans ſon phyſique, mais
dédommagé du côté de l'eſprit, des talents &
de l'adreſſe, qui l'a colporté avec beaucoup de
zele ; ce qui pourroit faire préſumer qu'il y
auroit grande part. En effet, la faĉture en paroît d'une maniere nouvelle & ne reſſemblant à
aucune de celles que nous connoiſſons. Il y a
des morceaux très-bien faits, il y en a d'autres
proſaïques ; quelquefois le ton en eſt noble &
élevé, quelquefois ignoble & bas ; en un mot,
les inégalités dont il eſt rempli feroient préſumer que le poëte n'eſt pas encore bien ferme
dans les routes eſcarpées du Parnaſſe : on juge
auſſi facilement que c'eſt un diſciple de la
philoſophie, un admirateur des coryphées de
la ſeĉte encyclopédique, & un admirateur outré
de leurs œuvres. Telles ſont les premieres notions qu'on recueille ſur l'auteur en le liſant ;
car il faut regarder comme une ruſe pour dé-
payſer les curieux, la lettre d'un duc qui eſt
à la tête & réponſe, encore mieux ces 80 ans
dont le jeune écrivain ſurcharge ſa tête.

. 16 *Décembre* 1778. L'auteur de la *Satire des
Satires* ſe donne pour le vengeur de la philoſophie outragée dans tant d'écrits modernes : il
paſſe en revue les principaux chefs du parti
adverſe, les abbés Sabbathier & Groſier, les
ſieurs Freron, Paliſſot, Clément, Gilbert,
enfin Me. Linguet. Après les avoir peint avec
quelque vérité & encore plus de partialité, d'in-
juſtice & de méchanceté, il les exhorte à abju-
rer leur métier ; ou ſi le démon de la ſatire les

poſſede impérieuſement , à imiter Juvenal & à
tonner contre les vices , à faire pâlir le deſpo-
tiſme ſous le dais , & frémir le fanatiſme ſur l'au-
tel : les anecdotes des Calas , des Sirven , du
chevalier de la Barre & celle toute récente de
M. de Lille , excitent le zele du poëte & en-
richiſſent ſon pamphlet.

Les notes qui ſont à la ſuite , développent
encore mieux ce qu'il ne fait qu'ébaucher dans
ſes vers. On le juge un partiſan des plus chauds
de l'auteur de la *Philoſophie de la Nature* , par
ſon acharnement contre la famille des Clément , janséniſtes inſtigateurs de la perſécution
qu'il a eſſuyée , & contre le Châtelet qui avoit
rendu contre lui le jugement inique & barbare
que le parlement a infirmé. On conçoit que
ces anecdotes ſcandaleuſes révélées ſans ménagement pour les perſonnages , ne permettent pas
que la *Satire des Satires* reçoive aucune tolérance de la part du gouvernement.

27 *Décembre* 1778. On croit que c'eſt demain
lundi que M. Ducis ſera élu membre de l'académie Françoiſe.

27 *Décembre*. Les réjouiſſances pour *l'ouverture du ventre de la Reîne* , ont eu lieu hier &
ont commencé par un *Te Deum* , auquel ont aſſiſté
M. le garde-des-ſceaux & les cours. Les illumi-
nations des Invalides en couleur & celles du Pa-
lais-Bourbon , de la plus grande élégance , ont
fur-tout attiré les amateurs ; mais on a été indigné de la meſquinerie des habitants des places
de Louis XV , de Vendôme & des Victoires ,
tous créſus qui auroient dû ſe ſignaler.

On a remarqué une devise de la *Pierre au lait*, enseigne d'une crêmiere à la porte de Paris ; elle avoit mis ces deux vers.

La Nation au ciel demandoit un Amour,
Une Grace descend l'annoncer à la Cour.

28 *Décembre* 1778. Le comte Paul Olavides devient un homme trop intéressant aujourd'hui pour ne pas rassembler tous les détails qu'on peut recueillir concernant cette infortunée victime du fanatisme. Il a 50 à 55 ans ; il est né au Pérou, & par la seule force de son génie s'affranchit de bonne heure des préjugés & de la superstition si communs chez ses compatriotes. Il présenta dans ces climats lointains le rare spectacle d'un philosophe ; mais cachant prudemment sa façon de penser, il parvint par son mérite à la place d'oydor ou de juge à Lima. Sa fermeté, son intégrité, ses lumieres, son indépendance le rendirent odieux aux jésuites, qui lui intenterent un procès considérable & l'obligerent de venir se défendre en Europe : il succomba. Il étoit magnifique en tout ; il avoit fait de grandes dépenses & fut emprisonné pour dettes ; il couroit risque de rester long-temps en captivité, lorsque la veuve d'un premier commis qu'il avoit su charmer, le vint trouver un jour, & lui déclara qu'il seroit maître de sortir le lendemain, qu'elle avoit payé toutes ses dettes. Son premier soin fut d'aller voir sa bienfaitrice, qui pour toute récompense lui demanda sa main. Devenu ainsi puissamment riche, il se livra aux belles-lettres & à la philosophie : pour perfectionner ses connoissances

il demanda permiſſion de voyager à ſa femme,
il vint en France, & ſe plut beaucoup à Paris ;
on ne ſait ſi ſon projet étoit de s'y établir un
jour, mais il s'y fit 60,000 livres de rentes
viageres : il vit nos beaux eſprits & nos phi-
loſophes, il lut tous nos excellents ouvrages
modernes, & revint dans ſon pays, ſur-tout
enthouſiaſmé de notre théatre : il ajuſta pluſieurs
de nos pieces au théatre Eſpagnol. Il plut au
comte d'Aranda, alors préſident du conſeil de
Caſtille. Ce ſeigneur reconnut en lui non-
ſeulement un homme de goût, mais un homme
d'état. Dans la circonſtance critique de la révolte de Madrid qu'on peut ſe rappeller, lorſqu'il s'agit de faire des innovations dans le
coſtume Eſpagnol, & d'expulſer les jéſuites,
il le chargea de la police de cette capitale : il
lui fit avoir enſuite l'intendance de Séville. Ce
fut pendant cette adminiſtration qu'il fit pré-
ſenter à la cour ſon mémoire pour le défriche-
ment de la *Sierra Morena*, canton inculte, où il
ne croiſſoit que du bois dégradé, & qu'il prouva
être ſuſceptible de devenir un des ſols les pius
fertiles de l'Eſpagne. Son projet fut accepté ; il
appella des Allemands & autres étrangers, ſans
s'embarraſſer de quelle religion ils étoient,
pourvu qu'ils euſſent des bras & de l'induſtrie,
& fonda ſa colonie qui réuſſit à merveille : il
établit une ville chef-lieu de ſa réſidence. Un
couvent de moines, dont le voiſinage lui déplai-
ſoit, gênoit ſes opérations ; il profita de ſon
crédit pour les tranſporter ailleurs. Ces moines
en conſerverent un reſſentiment profond. Le
Sr. Olavides s'en repoſant ſur le miniſtre éclairé
qui gouvernoit le royaume, fut moins cir-

conspect dans ses propos & dans sa conduite.
Ses ennemis s'en prévalurent ; ils tinrent secrétement regiftre de tout ce qui lui échappoit
contre la religion , & attendirent le moment
favorable de la difgrace du comte d'Aranda &
du rétabliffement de l'inquifition pour éclater &
écrafer le fieur Olavides , comme coupable d'héréfie ; machination qui l'a conduit enfin au fort
funefte qu'on vient d'apprendre.

28 *Décembre* 1778. On doit donner inceffamment fur le théatre lyrique la tragédie
d'*Hellé* en trois actes, dont la mufique eft du
fieur Floquet. Tous les partifans de ce muficien attendent avec impatience cet ouvrage de
l'auteur, le premier qu'il donne depuis fon
voyage, fon féjour & fes profondes études en
Italie.

28 *Décembre*. Rien de plus plaifant que la
querelle du tripot lyrique contre le fieur de
Vifmes : les chefs indociles de ce troupeau voulant l'affimiler à celle des Infurgents contre la
mere patrie, fe donnent les noms brillants de
Washington, de *Franklin*, de *Hancock*, &c.
Ils étoient parvenus à effrayer le directeur, &
à le déterminer à entrer en compofition avec
eux pour quitter fa place & leur remettre l'adminiftration à pâque, fi le gouvernement l'eût
approuvé ; les propofitions du traitement exigé
par ce dernier ont paru trop fortes, & l'on en
a référé à M. Amelot. Ce fecretaire d'état a
cru devoir rendre compte au roi de la fermentation & prendre fes ordres. S. M. lui a
demandé fi le public étoit content des innovations & améliorations de M. de Vifmes ? Le
miniftre a répondu que le public l'avoit d'abord

critiqué beaucoup , mais enfin commençoit à lui rendre juſtice , & à eſpérer des changements plus heureux de ſa part : « eh bien! » a répliqué S. M. « qu'il reſte & qu'*on ne me parle plus de cette* CANAILLE-*là*. » M. Amelot a écrit en conſéquence une lettre miniſtérielle à M. de Viſmes pour qu'il la communiquât à ſes vaſſaux & les fit rentrer tous dans la ſubordination.

28 *Décembre* 1778. Dans les *Réflexions d'un Citoyen Catholique ſur les Loix de France relatives aux Proteſtants* , on rappelle toutes ces loix en grand nombre , & il n'en eſt aucune depuis 1665 qui ne ſoit marquée au coin du fanatiſme , du ridicule, de l'abſurdité , ou de la barbarie. C'eſt l'abrogation de ces loix que ſollicitent déja la tolérance , le bon ſens, l'humanité , la religion même qu'on demande: & le moment préſent bien loin d'être favorable , comme l'inſinue une fauſſe ou perfide politique, eſt celui , au contraire , où elle peut procurer plus ſûrement les plus grands avantages, & où la conſervation de ces loix peut être plus dangereuſe pour la proſpérité publique.

Tel eſt le réſultat de cet écrit long & lumineux , compoſé ſous les auſpices du parlement, & propagé par les zélés qui eſperent éclairer ainſi le gouvernement.

28 *Décembre*. Un Genevois d'environ 30 ans , qui a vécu long-temps en Angleterre, demeurant chez M. *Tronchin* , après avoir voulu ſe brûler la cervelle inutilement , ſon piſtolet ayant fait long feu , s'eſt jeté par la fenêtre : il avoit laiſſé ſur ſa table deux lettres pour rendre compte de ſa conduite , motivée uni-

quement fur le *tædium vitæ* : c'eſt le quatrieme
ſuicide de perſonnes connues, depuis quinze
jours.

28 *Décembre* 1778. On dit que le garde-des-
ſceaux a écrit à la faculté de médecine de reprendre ſes fonctions publiques, de rouvrir ſes
écoles, de les tenir comme à l'ordinaire, &
ſur-tout de ſe conformer à ſes ſtatuts.

29 *Décembre* 1778. Extrait d'une lettre de Bordeaux, du 21 décembre....... Le comte de
Linieres, capitaine du régiment *Royal-Vaiſſeau*,
a donné une fort jolie piece, qui a eu un
ſuccès étonnant. Elle a pour titre *le Connoiſſeur*,
ou *à quelque choſe malheur eſt bon*. Le ſujet eſt
tiré des *Contes moraux* du ſieur Marmontel : il
eſt froid en lui-même & ne préſente pas infiniment d'intérêt ; il ne fournit ni beaucoup d'action ni de grands mouvements ; mais le ſtyle
de l'auteur eſt agréable, ſa poéſie eſt légere &
facile : en général, il regne dans ſon ouvrage
beaucoup d'eſprit, ſans cependant qu'il ſemble
avoir couru après ; il y a des morceaux de détail charmants & pleins de fineſſe ; du reſte,
point de langueur & de la rapidité.

Encouragé par ce premier eſſai, M. le comte
de Linieres vient de mettre à l'étude un petit
opéra comique compoſé dans quatre jours ; il
ſera exécuté vers la fin du mois prochain ; il
ſe propoſe d'envoyer ſon *Connoiſſeur* à Mad. la
marquiſe de Monteſſon, dans l'eſpérance, ſans
doute, qu'elle le fera jouer ſur ſon théatre.

29 *Décembre*. L'opéra a donné mercredi
dernier, gratis, *Caſtor & Pollux*, & l'on y a

ajouté le *ballet de la Cherchenfe d'Efprit*, fur
la requifition des coryphées de la danfe. On a
terminé par le chœur d'*Iphigénie*, *Chantons*,
célébrons notre Reine, &c. Le peuple ayant bientôt faifi l'application de cès paroles, qui réuf-
firent fi merveilleufement dans le temps, à la
premiere repréfentation de cet opéra devant la
reine, fit recommencer, & l'enthoufiafme fut
tel que le chorus devint général ; on danfoit,
on s'embraffoit, on crioit à tue-tête. Point de
mufique de Gluck qui vaille ce défordre d'alé-
greffe & de fenfibilité.

    19 *Décembre* 1778. L'académie Françoife a en
effet élu hier M. Ducis. Ont fait aujourd'hui
que c'eft un coup de politique de la part du
fecretaire & conforts. Ils n'ignorent pas que
monfieur les détefte, & par contre-coup le corps
qu'ils dirigent, qu'il a déclaré fon adverfion pour
l'académie, fon projet de la détruire s'il devenoit roi ; enfin ils frémiffent encore de la
crife où elle s'eft trouvée naguere ; comme
S. A. royale aime beaucoup le fecretaire de
fes commandements, ils ont été bien aifes de
trouver l'occafion de fe ménager en lui un ap-
pui, un protecteur, un défenfeur auprès du
prince fon maître ; ils ont profité avec empreffement de la circonftance du fuccès récent de
fa tragédie, pour paroître n'accorder qu'au mérite un choix qui eft l'effet du foin de leur propre confervation.

    30 *Décembre*. 1778. De tous les cordeliers,
quatre feulement s'oppofent à leur tranflation,
& donnent pour raifon l'éloignement où les
jeunes gens fe trouveront des écoles de théologie. Ces quatre récalcitrants font les moins

inſtruits de l'ordre ; il leur a fallu des diſpenſes pour parvenir aux grades : l'archevêque de Paris ne les aimoit pas ; depuis leur réſiſtance ce prélat les favoriſe & les affectionne. Malgré cet obſtacle, on ſe propoſe d'obtenir inceſſamment des lettres-patentes du propre mouvement du roi, ce qui doit lever tout empêchement légal.

30 *Décembre* 1778. M. le marquis de Paulmy a une des belles bibliotheques de Paris. Mais comme un particulier ne peut en poſſéder une complete dans tous les genres , il s'eſt ſur-tout attaché à celui des romans, & a porté ſa collection au plus haut degré poſſible. Il a depuis imaginé de la communiquer par extrait au public, ſous le titre de *Bibliotheque univerſelle des Romans* ; il eſt homme de lettres, il a choiſi des coopérateurs ſous lui & a entrepris cette longue tâche dans une forme périodique. Pour lui donner plus de conſiſtance, il a obtenu un privilege au nom de M. de Baſtide. Depuis quelques années que l'ouvrage eſt commencé il a été fort goûté du public, & a attiré quantité de ſouſcriptions. Malgré le bénéfice conſidérable qui devoit en réſulter, le prête-nom ſe trouve avoir toujours beaucoup de créanciers ; cela dérange les opérations & trouble les travaux ; il en réjaillit même des importunités auprès du protecteur. M. de Paulmy en eſt excédé, & voudroit bien ſe débarraſſer de monſieur de Baſtide, ce qui ne peut s'effectuer que de ſon conſentement, puiſqu'il eſt propriétaire du privilege ; il a pris le parti de lui refuſer les matériaux : ſi cette humeur dure, il eſt à craindre que le journal n'en ſouffre, & que

l'entreprise n'échoue long-temps avant d'être à
son terme.

31 *Décembre* 1778. Les considérations puis-
santes dont se sert l'auteur de la brochure en
faveur des protestants, font que l'état a besoin
de ressources nouvelles ; que cent mille familles
rapportant en France leurs richesses & leur
industrie offrent des ressources plus durables ,
des secours plus réels que tout le crédit appa-
rent qu'on peut se procurer par ces ruses d'a-
giotage , honorées de nos jours du nom d'opérations de finances : que la séparation de l'Amérique a jeté le découragement dans le commerce & dans les manufactures Angloises ; que
ceux des réfugiés François qui seroient restés
dans cette nouvelle patrie , s'empresseront de
la quitter pour rentrer chez nous ; qu'autrement
l'Amérique offrant aux protestants François un
vaste pays , habité par les alliés de la France ,
où regnent la liberté de conscience & la liberté
politique , où tous les hommes sont égaux ,
où les ouvriers de toute espece peuvent espé-
rer du travail & même de la fortune , où des
terreins immenses attendent des mains pour
les cultiver , faute d'user dans le moment présent du véritable moyen de le contenir , nous
sommes menacés d'une émigration nouvelle ;
qu'enfin , pour l'éviter , il ne restera que deux
partis , ou de conserver des loix sanglantes &
souvent inutiles , ou d'ôter aux protestants le
désir de chercher une nouvelle patrie en les ré-
tablissant dans les droits que la loi ne peut
ravir avec justice , qu'aux hommes qui ont mérité de les perdre par un crime.

Fin du douzieme Volum

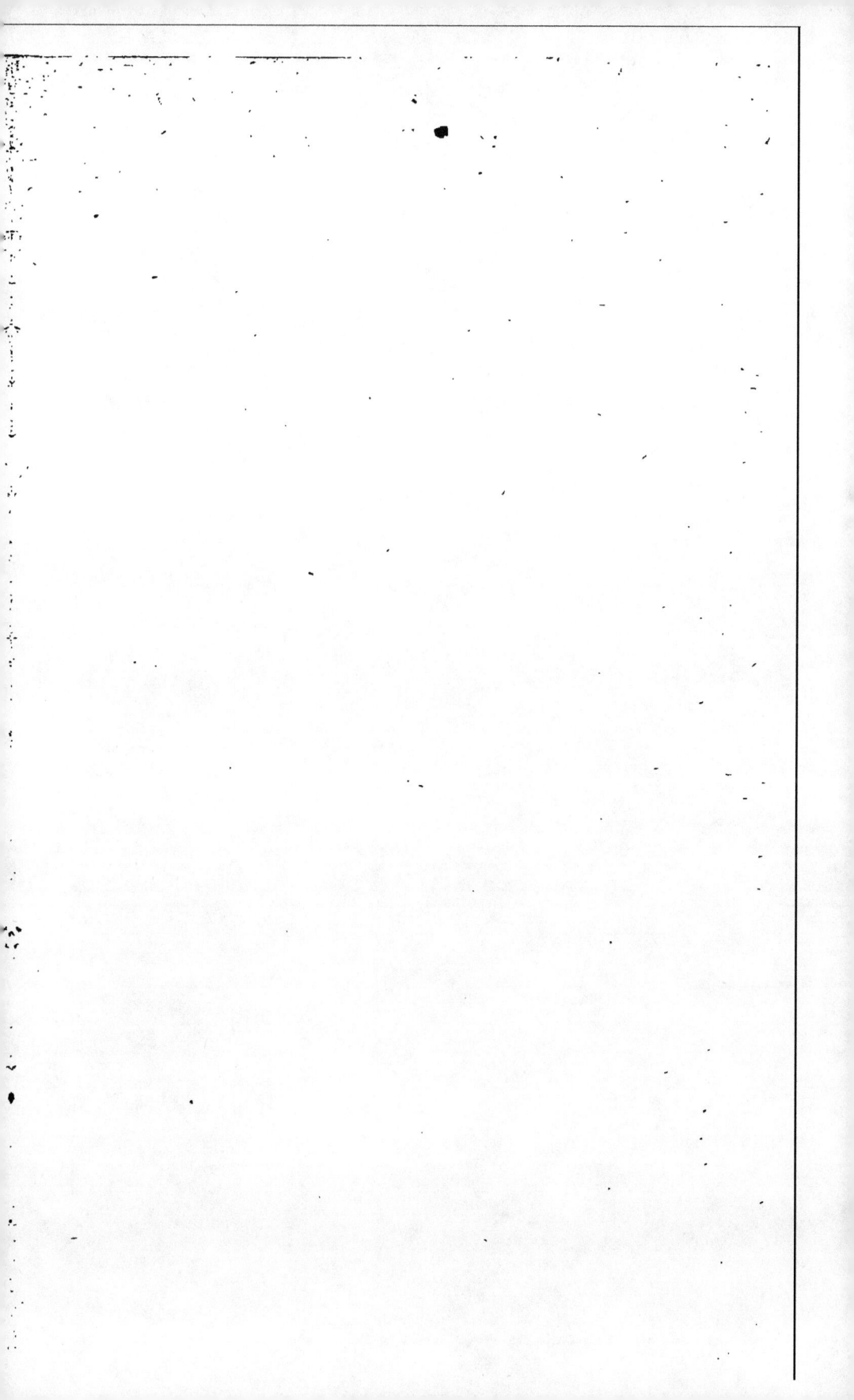

www.ingramcontent.com/pod-product-compliance
Lightning Source LLC
Chambersburg PA
CBHW071937090426
42740CB00011B/1735